乡村振兴

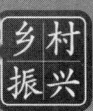

农民培训精品系列教材

“千万工程”简明手册

高俊英　石云峰　贾建平　程　纬　梁明华　张丙玉◎主编

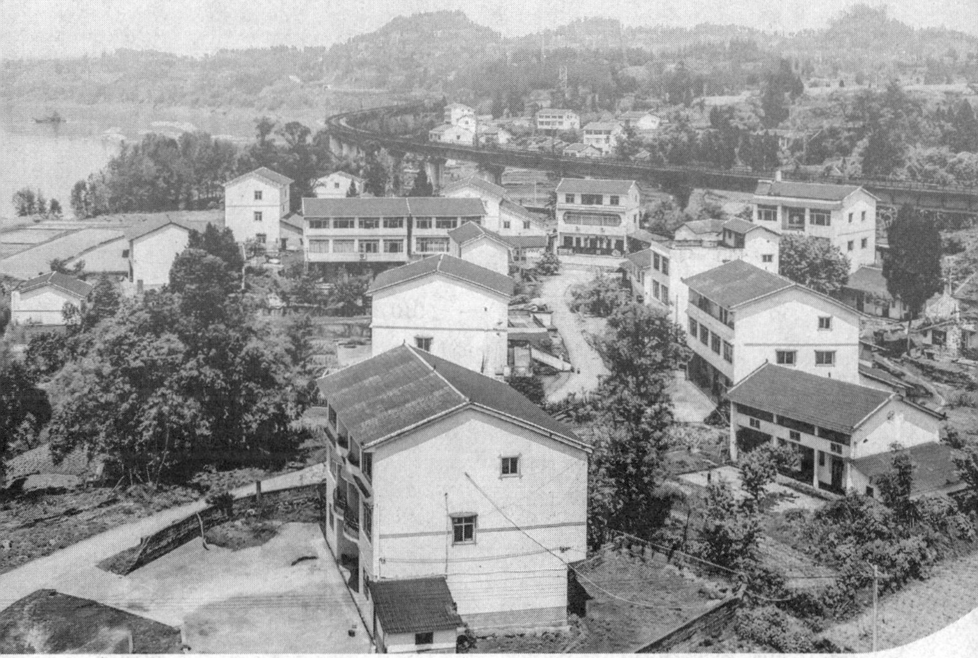

中国农业科学技术出版社

图书在版编目(CIP)数据

"千万工程"简明手册/高俊英等主编 . --北京：中国农业科学技术出版社，2024.3
　　ISBN 978-7-5116-6745-8

　　Ⅰ.①千…　Ⅱ.①高…　Ⅲ.①农村-社会主义建设-中国-手册　Ⅳ.①F320.3-62

中国国家版本馆 CIP 数据核字(2024)第 067176 号

责任编辑　张国锋
责任校对　李向荣
责任印制　姜义伟　王思文

出 版 者	中国农业科学技术出版社
	北京市中关村南大街 12 号　　邮编：100081
电　　话	(010) 82109705 (编辑室)　　(010) 82106624 (发行部)
	(010) 82109709 (读者服务部)
网　　址	https://castp.caas.cn
经 销 者	各地新华书店
印 刷 者	北京富泰印刷有限责任公司
开　　本	145 mm×210 mm　1/32
印　　张	5.5
字　　数	168 千字
版　　次	2024 年 3 月第 1 版　2024 年 3 月第 1 次印刷
定　　价	39.80 元

◆◆◆ 版权所有·翻印必究 ◆◆◆

《"千万工程"简明手册》编写人员名单

主　编： 高俊英　石云峰　贾建平　程　纬
　　　　　梁明华　张丙玉

副主编： 刘　青　叶建明　王宗学　刘　杰
　　　　　冯艳如　夏临华　丁建华　贾正军
　　　　　马庆献　江红梅　高志伟　李光伟
　　　　　杨景康　孙秀枝　孙志宇　温小鹏
　　　　　刘丽华　贺国强　邓可洪　史　峰
　　　　　宋建军　高海云　张志强　吴文星
　　　　　刘　琴　许壮元　郭春生　李小艳
　　　　　丁真曲措　　　　佟永波

编　委： 杜　伟　邵　乐　宋文熙　史　杰
　　　　　罗晓凤　康改婵　魏小平　陈文祥
　　　　　朱志阳　王耀红　李　伟

前 言

推进乡村全面振兴是新时代新征程"三农"工作的总抓手。"千村示范、万村整治"（"千万工程"）是在全力抓好以国家粮食安全为重心的农业生产的基础上，统筹推进以乡村发展建设治理为重点的乡村振兴，扎实推动乡村产业振兴、人才振兴、文化振兴、生态振兴、组织振兴，在加快实现农业农村现代化，加快建设农业强国方面，已经成为推进中国式现代化建设的有力支撑。

无论是"绿水青山就是金山银山"理念，还是"美丽中国"，也不管是"千万工程"还是"乡村振兴"，都可以清晰看到习近平总书记在浙江的重大战略布局、改革发展举措及创新实践经验，体现了新思想萌发与实践的重要历程。

本书着重从乡村产业、乡村建设、乡村治理以及城乡融合等方面阐述"千万工程"在乡村振兴及农村长远发展和规划中的重要作用。本书围绕乡村振兴工作需求，梳理了"千万工程"在乡村振兴中的重要地位，可作为相关从业者的培训用书，也可作为对此感兴趣读者的参考用书。

编 者
2024 年 1 月

目 录

第一章 "千万工程"提出与发展 ………………………………… 1
  第一节 "千万工程"及其提出背景 ……………………………… 1
    一、"千万工程" ……………………………………………… 1
    二、提出"千万工程"的时代背景 ………………………… 1
  第二节 "千万工程"发展阶段 …………………………………… 2
  第三节 "千万工程"的实施意义与原则 ………………………… 3
    一、"千万工程"的实施意义 ………………………………… 3
    二、"千万工程"实施过程中的原则 ………………………… 4
  第四节 "千万工程"引领美丽乡村建设 ………………………… 4
    一、"千万工程"实施特点 …………………………………… 5
    二、实施美丽乡村建设行动计划 …………………………… 7
    三、全面提升美丽乡村建设水平 …………………………… 10

第二章 乡村振兴与美丽乡村建设 ……………………………… 14
  第一节 美丽乡村建设的多元视角 ……………………………… 14
    一、古代文人墨客的诗意田园 ……………………………… 14
    二、现代都市人的梦里故园 ………………………………… 15
    三、农民安居乐业的美好家园 ……………………………… 15
  第二节 美丽乡村建设应规避的问题 …………………………… 17
    一、大拆大建的形象工程 …………………………………… 17
    二、乡村建设缺乏合理规划 ………………………………… 17
    三、乡村建设缺少农民参与 ………………………………… 18
  第三节 美丽乡村建设中的基本原则 …………………………… 19
    一、以富民为本 ……………………………………………… 19
    二、美化乡村景观 …………………………………………… 19
    三、发扬乡村文化 …………………………………………… 20
    四、优化乡村用地 …………………………………………… 21

五、实现乡村生态发展 ·· 21
第四节 美丽乡村建设中的"三大黄金法则" ························ 22
一、乡村建筑改造"表里如一" ································· 22
二、乡村景观与环境"和谐共生" ································· 23
三、综合整治乡村"改头换面" ································· 26
第五节 美丽乡村建设中的传统与创新 ···························· 27
一、乡村建设中的传统建设 ······································ 27
二、乡村建设中的创新途径 ······································ 31

第三章 "千万工程"与乡村产业 ·· 34
第一节 "千万工程"对产业兴旺的带动效应 ························ 34
第二节 加快特色产业扶贫转向产业振兴 ···························· 34
一、基于当地资源禀赋和优势发展乡村产业 ···················· 35
二、厘清乡村特色产业发展思路 ································· 37
三、发展乡村特色产业项目 ······································ 38
四、加强财政衔接资金的监督和管理 ···························· 41
五、加强扶贫资产后续监督和管理 ································ 43
六、完善资金绩效评价和整改提升 ································ 45
第三节 推进特色产业模式经营主体的培育 ························ 46
一、鼓励多元化融合主体发展 ···································· 46
二、支持主体创新化突破 ··· 47
三、加快培育新型产业融合主体 ································· 49
四、引导社会的人力资本投入 ···································· 50
第四节 打造特色产业模式创新升级版 ···························· 51
一、支持县级有效衔接示范区建设 ································ 51
二、加强农村基础设施建设 ······································ 58
三、开发利用产业的多功能性 ···································· 60
四、发挥龙头企业示范引领作用 ································· 61
五、深化三产融合的利益联结机制 ································ 62

第四章 "千万工程"与乡村建设 ·· 65
第一节 "千万工程"在乡村建设中的典型模式 ···················· 65
第二节 乡村建设中的经济建设 ······································ 66

目　录

　　一、美丽乡村建设中的经济发展 …………………………… 66
　　二、推动经济发展的主要措施 ……………………………… 68
　第三节　乡村建设中的基层治理 ……………………………… 74
　　一、基层治理体系与能力 …………………………………… 75
　　二、基层治理创新实践 ……………………………………… 77
　第四节　乡村建设中的社会文化建设 ………………………… 81
　　一、社会发展 ………………………………………………… 81
　　二、文化创新 ………………………………………………… 85

第五章　"千万工程"与乡村治理

　第一节　党建在"千万工程"乡村治理方面的突出作用 …… 91
　第二节　增强乡村自治功能 …………………………………… 92
　　一、规范村级组织工作 ……………………………………… 92
　　二、增强村民自治组织能力 ………………………………… 95
　　三、丰富村民议事协商形式 ………………………………… 97
　　四、实施村级事务阳光工程 ………………………………… 101
　第三节　培育乡村治理组织 …………………………………… 104
　　一、如何"找到关键人" …………………………………… 104
　　二、如何培育乡村治理组织 ………………………………… 108
　　三、如何依托自组织参与乡村治理 ………………………… 111
　第四节　发挥乡村德治基础作用 ……………………………… 115
　　一、加强思想道德建设，提升村民道德素养 ……………… 115
　　二、德治在乡村治理中的优势 ……………………………… 122
　　三、发挥道德模范引领作用 ………………………………… 124
　　四、加强农村乡风文明建设 ………………………………… 127

第六章　"千万工程"与城乡融合

　第一节　"千万工程"推进城乡融合的意义与途径 ………… 131
　　一、推进城乡融合的重大意义 ……………………………… 131
　　二、"千万工程"是加快城乡融合发展的有效途径 ……… 132
　第二节　加大资源型城市转型发展力度 ……………………… 132
　　一、邢台市转型战略 ………………………………………… 133
　　二、邢台市转型实施方案 …………………………………… 133

第三节　推进特色小镇健康合理建设 …………………… 141
　一、深化体制机制改革，规范特色小镇建设 …………… 142
　二、科学制定规划推动特色小镇建设 …………………… 144
　三、完善基础设施和公共服务，促进特色小镇建设 …… 146
第四节　优化城镇空间结构 ………………………………… 149
　一、城镇空间结构定义及内容 …………………………… 149
　二、河北省城镇空间结构优化 …………………………… 151
第五节　提高城市承载力与城乡公共服务能力 …………… 156
　一、提高城市综合承载力 ………………………………… 158
　二、提高城乡公共服务水平 ……………………………… 158
　三、加快污染物治理和城市生态建设 …………………… 159
第六节　促进城乡商贸流通一体化发展 …………………… 160
　一、促进农业发展，缩小城乡收入差距 ………………… 161
　二、优化商业网点布局，扩大消费 ……………………… 162
　三、壮大农村流通主体，扩大交易额 …………………… 163
　四、建立农产品信息服务平台 …………………………… 165
　五、发展农产品电子商务 ………………………………… 165
　六、加快城乡物流体系建设，努力解决"最后一公里"
　　　问题 ……………………………………………………… 166
　七、政府加强引导，促使城乡商贸对接 ………………… 167

参考文献 ………………………………………………………… 168

第一章 "千万工程"提出与发展

第一节 "千万工程"及其提出背景

一、"千万工程"

"千万工程"是习近平总书记在浙江工作期间,亲自谋划、亲自部署、亲自推动的一项重大决策,是"千村示范、万村整治"工程的简称,是浙江"绿水青山就是金山银山"理念在基层农村的成功实践。

2003年,时任浙江省委书记的习近平同志在广泛深入调查研究基础上,立足浙江省情农情和发展阶段特征,准确把握经济社会发展规律和趋势,作出了实施"千村示范、万村整治"工程的战略决策,在浙江近4万个村庄中选择1万个左右的行政村进行全面整治,把其中1 000个左右的中心村建设成全面小康示范村,并以此为龙头,深入推进社会主义新农村建设。20年来,浙江持之以恒实施"千万工程",从"千村示范、万村整治"到"千村精品、万村美丽",再到"千村未来、万村共富",造就了万千美丽乡村。从美丽生态到美丽经济、美好生活,一些乡村走过清晰的"三美融合"脉络,成为率先振兴的"全面小康建设示范村"。

二、提出"千万工程"的时代背景

从改革开放至21世纪初,浙江经济经历了20多年的高速发展期,但因工业和养殖等造成的农村污染问题也日渐显现,与日新月异的城市面貌相比,农村建设和社会发展明显滞后,经济与社会、城市与农村发展不平衡不协调问题突出。据浙江省委农办摸排,当时浙江全省3.4万个村庄,只有4 000个村人居环境较好,其余3万个村环境较差。村庄一度被群众形容为"垃圾靠风刮、污水靠蒸发""室内现代化、室外脏乱差""晴天尘土飞扬、雨天污水横流、夏天蚊蝇乱飞",老百姓改善人居环境、提升生活质量的要求非常强烈。

2002年10月,习近平同志调任浙江后,立刻开启了马不停蹄的调研,在一个个村庄里,他察民情、听民声,农村环境问题成为他关注的重点。"脏乱差"的状况折射出的是不平衡、不协调、不可持续的发展模式,本质问题是没有处理好经济发展和环境保护的关系。他强调,要把农村人居环境整治工作放在非常重要的位置,这是涉及民生的大事。这个事情,一家一户做不起来,必须各级党委政府去抓去做。2003年6月,习近平同志在广泛深入调查研究基础上,审时度势,高瞻远瞩,以非凡魄力开辟新路的远见卓识和战略眼光,作出实施"千万工程"的重大决策。

第二节 "千万工程"发展阶段

20年来,我国农村先后通过示范引领、全面推进、深化提升、转型升级等发展举措,经历了从温饱型生存需求向小康型和共富型发展需求的演变,从农村人居环境整治到美丽乡村建设,再到未来乡村、和美乡村建设,"千万工程"的内涵和外延不断拓展深化,实现了"千村示范、万村整治""千村精品、万村美丽""千村未来,万村共富"三个阶段的迭代升级。

第一阶段(2003—2010年):"千村示范、万村整治"阶段,以村庄环境综合整治为重点,全面推进"三清两化"(清垃圾、清污水、清厕所,道路硬化、村庄绿化)行动,万千村庄从人居环境整治入手,由环境变革触发了生态变革;

第二阶段(2011—2020年):"千村精品、万村美丽"阶段,以美丽乡村建设为重点,推动广大乡村更加美丽宜居;

第三阶段(2021年至今):"千村未来,万村共富"阶段,重点是提升乡村产业匹配度、基础设施完备度、公共服务便利度、城乡发展融合度,把提高县城承载能力与深化"千万工程"结合起来。

第三节 "千万工程"的实施意义与原则

一、"千万工程"的实施意义

20年来，经过锲而不舍、久久为功推进实施，我们探索出了一条从整治农村人居环境入手、进而全面推进乡村振兴、建设美丽中国的成功路径，取得了具有历史性、开创性、引领性的巨大成就，展现出强大的时代生命力、实践引领力和深远影响力，有着非凡的历史意义、理论意义、实践意义。

第一，"千万工程"是中国式现代化道路在浙江省域、"三农"领域的成功实践和典型样板。民族要复兴，乡村必振兴。在以中国式现代化全面推进中华民族伟大复兴的新征程上，如何全面推进乡村振兴、加快建设农业强国，如何缩小城乡差距、推动"四化同步"，是我们必须回答好的重大时代课题。20年来，以"千万工程"为引领，由环境变革催化带动生态变革、产业变革、社会变革，90%以上的村庄建成新时代美丽乡村，城乡居民收入比已经达到比较良性的1.9：1，在之江大地上实现了乡村重塑、城乡重构、城乡各美其美的伟大梦想，成为当代中国共产党人回答中国之问、世界之问、人民之问、时代之问的成功典范。

第二，"千万工程"是习近平新时代中国特色社会主义理论的思想源头。习近平总书记在思考谋划、部署推动"千万工程"的伟大实践中，提出了一系列重要思想重要理念重要论断，至今仍展现出历久弥新、弥足珍贵的理论价值，为习近平新时代中国特色社会主义思想，特别是习近平总书记关于"三农"工作的重要论述萌发形成，提供了重要理论源头，打下了坚实理论基础。

第三，"千万工程"为全面推进乡村振兴探索示范了成功路子和机制办法。"千万工程"的经验做法，在于其立足浙江实际走出了一条农业强、农村美、农民富协同并进的成功路径，背后有着一整套成熟的发展理念、政策体系、工作机制作为支撑保障，为各地对标学习推进乡村振兴提供了个性化的解决方案和典型案例。

二、"千万工程"实施过程中的原则

习近平总书记在浙江工作期间对"千万工程"既绘蓝图、明方向,又指路径、教方法,到中央工作后继续给予重点关注、重要指导。20年来,浙江沿着习近平总书记指引的路子奋勇前行,以习近平总书记重要指示批示精神为重要遵循,深入谋划推进,主要坚持了以下几条原则。

一是坚持党建引领、党政主导。坚持把加强组织领导作为搞好"千万工程"的关键,建立党政"一把手"亲自抓、分管领导直接抓、一级抓一级、层层抓落实的责任机制。

二是坚持生态优先、绿色发展。将村庄整治与绿色生态家园建设紧密结合起来,同步推进环境整治和生态建设。以整治环境"脏乱差"为先手棋,全力推进农业面源污染治理,开展"无废乡村"建设,实施生态修复,不断擦亮生态底色。

三是坚持因地制宜、科学规划。立足山区、平原、丘陵、沿海、岛屿等不同地形地貌,区分发达地区和欠发达地区、城郊村庄和纯农业村庄,始终坚持因地制宜、分类施策,合理安排建设时序,分区分类实施,保持历史耐心,严控建设质量,不搞大拆大建,不搞齐步走、"一刀切",切实把实事办好、把好事落细。

四是坚持循序渐进、久久为功。紧盯"千万工程"目标不动摇、不折腾,保持工作连续性和政策稳定性,以钉钉子精神推动各项建设任务顺利完成。根据不同发展阶段确定整治重点,与时俱进、创新举措,制定针对性解决方案。

五是坚持由表及里、塑形铸魂。注重推动农村物质文明和精神文明相协调、硬件与软件相结合,努力把农村建设成农民身有所栖、心有所依的美好家园。大力弘扬社会主义核心价值观,加强法治教育,完善村规民约,持续推动移风易俗。

第四节 "千万工程"引领美丽乡村建设

"千万工程"顺应时代和人民群众发展要求,创新性地开展以农村人居环境整治为突破口的美丽乡村建设,引领了全国新农村建设实践,并以此推动城市公共服务和公共基础设施向农村延伸,促进浙江城乡统筹发展,这在我国城乡发展史上有着里程碑式的意义。

一、"千万工程"实施特点

(1) "千万工程"体现了习近平同志以人民为中心的治国理念。"千万工程"针对的是农村发展的短板,是农村任务最繁重的一项工作。我国城乡二元结构由来已久,长期以来村庄公共道路、公共卫生等建设由集体经济组织供给,国家财政投入总量少,即便城市建设也是捉襟见肘,因此公共财政的阳光没有照到农村。党的十六大正式提出了我国进入以工促农、以城带乡的发展阶段,当时的浙江已经具备了以工促农、以城带乡和工业反哺农业、城市带动农村的经济社会条件。一般而言,我国农村过去也没有与现代社会相应的公共环境卫生等制度,农村污水靠蒸发、垃圾靠风吹是常态。农村环境脏乱差,实际上也是乡村公共服务缺失的一大表现。在2004年"千万工程"的现场会上,习近平同志强调"千万工程"是统筹城乡的"龙头工程",是全面小康的"基础工程",是优美环境的"生态工程",是造福农民的"民心工程"。通过政府主导推动农村的一系列改水、改路、改房、改厕、改厨等工程,使农村的生产生活条件得到根本改善,农民生活质量得到大幅度提高,顺应了广大群众对美好生活的要求。因此,"千万工程"实质上是从人民共同利益出发而实施的一项民生大工程。

(2) "千万工程"开启农村人居环境大整治。这项工程是在浙江省工业化、城市化加速推进,人均GDP超过2 000美元的时代背景下,着眼于缩小城乡差距、改变农村环境脏乱差和基础设施、社会事业发展滞后状况而实施的。这项工程营造了统筹城乡发展的良好氛围,有效促进了城市基础设施向农村延伸,城市公共服务向农村覆盖,城市现代文明向农村辐射,初步形成了以工促农、以城带乡的机制,对统筹城乡发展起到了龙头带动作用,是以农村人居环境大整治带动农村经济、政治、文化、社会、生态文明五位一体的建设工程。

(3) "千万工程"展现了美丽乡村转化为美丽经济的重要路径。

"千万工程"开启了美丽乡村建设新征程。2005年,习近平同志在安吉农村考察时提出了"绿水青山就是金山银山"的重要论断。在2006年浙江省"千万工程"现场会上,习近平同志特别强调"千万工程"实施的两个结合:"千万工程"实施要把整治村庄与经营村庄结合起来,把改善村落村貌与发展生产、富裕农民结合起来,把村庄整治过程变成开发利用乡村特色优势资源,发展特色产业的过程让更多的村庄成为充满生机活力和特色魅力的富丽乡村。这一富有远见的倡导是浙江美丽乡村转化为美丽经济的重要指导思想。2015年5月,习近平总书记在浙江考察时指出,美丽中国要靠美丽乡村打基础,浙江建设美丽乡村有自然禀赋,也有当年开展"千村示范、万村整治"工程的前瞻性。在浙江舟山考察新建社区美丽乡村建设时,习近平总书记说:"我在浙江工作时说'绿水青山就是金山银山',这话是大实话,现在越来越多的人理解了这个观点,这就是科学发展、可持续发展,我们就要奔着这个做。"

(4)"千万工程"体现了城乡联动、城乡互促共进的城乡一体发展的新城乡互动机制。"千万工程"的实施体现了新农村建设与城镇化双轮驱动的特点。多年以后,特色小镇建设蓬勃兴起与美丽乡村建设相得益彰,也正反映出城乡联动发展互促共进的良好机制。正是"千万工程"开启了浙江新型城市化和新农村建设互促共进的城乡发展一体化的实践新探索和新征程。

(5)"千万工程"体现了科学的推进机制。在实施"千万工程"过程中,遵循着典型引路、以点带面的推进路径。在推进过程中,坚持把硬件建设与软件建设结合起来,把村庄整治与农村新社区建设结合起来,用城市社区建设的理念启发农村新社区的建设,努力把示范村建设成为经济繁荣、环境优美、政治民主、社会文明、生活富裕、服务配套的社会主义农村新社区。坚持正确处理经济发展与村庄建设的关系,树立经营村庄的新理念,把发展特色农业、特色工业、特色观光休闲业与建设特色村庄结合起来,把农村特色经济、绿色产业发展提高到一个新水平。坚持正确处理保护历史文化与村庄建设的关系,对有价值的古村落、古民居和山水风光进行保护、整治和科学合理的开发利用,切实保护好名人故居、古代建筑和历史文化遗迹,做到传承历史文化与融入现代文明的有机统一。坚持党政"一把手"亲自抓，分管领导具体抓，一级抓一级，层层抓落实。凡是"千村示范、万村整治"工程中的重大问题，特别是制定村镇规划、确定财政预算、研究重大政策时，党政"一把手"都要亲自过问，集思广益，科学决策。

二、实施美丽乡村建设行动计划

（一）实施生态人居建设行动

美丽乡村建设行动计划对实施生态人居建设进行了积极部署，按照"规划科学布局美"的要求，推进中心村培育、农村土地综合整治和农村住房改造建设，改善农民居住条件，构建舒适的农村生态人居体系。一是推进农村人口集聚。大力培育建设中心村，以优化村庄和农村人口布局为导向，修编完善以中心村为重点的村庄建设规划，通过村庄整理、经济补偿、易地搬迁等途径推动自然村落整合和农居点缩减，引导农村人口集中居住。开展农村土地综合整治，全面整治农村闲置住宅、废弃住宅、私搭乱建住宅。实施"农村建设节地"工程，鼓励建设多层公寓住宅，推行建设联立式住宅，控制建设独立式住宅。二是推进生态家园建设。全面开展"强塘固房"工程建设，推进农村屋顶山塘和饮用水源山塘综合整治、水库除险加固，易灾地区生态环境综合治理。进一步健全基层防汛防台风体系。推进农村危旧房改造，提高农村人居安全和防灾减灾能力，同时注重农村建筑与乡土文化、自然生态相协调。三是完善基础设施配套。深入实施农村联网公路、农民饮水安全、农村电气化等工程建设，促进城乡公共资源均等化，健全农村文化、体育、卫生、培训、托老、通信等公共服务。

（二）实施生态环境提升行动

生态环境提升行动按照"村容整洁环境美"的要求，突出重点连线成片、健全机制，切实抓好改路、改水、改厕、垃圾处理、污水治理、村庄绿化等项目建设，扩大"千万工程"的建设面，提升建设水平，构建优美的农村生态环境体系。一是完善农村环保设施。推进

"千万工程"扩面提升，按照"先规划、后建设，先地下、后地上"的原则，建设垃圾处理、污水治理、卫生改厕等环保设施项目。二是推广农村节能节材技术。深入实施污水净化沼气工程，畜禽养殖场（户）沼气利用技术普遍应用，努力推进农村沼气集中供气。推动"建筑节能推进"工程在农村的实施，农村路灯太阳能供电、太阳能热水器等太阳能综合利用进村入户。引导农村新建住宅采用节能、节水新技术、新工艺，支持农户使用新型墙体建材和环保装修材料。三是推进农村环境连线成片综合整治。按照"多村统一规划、联合整治，城乡联动、区域一体化建设"的要求，结合中央"农村环境连片整治项目"的实施，编制农村区域性路网、管网、林网、河网、垃圾处理网、污水治理网一体化建设规划，开展沿路、沿河、沿线、沿景区的环境综合整治，深入开展万里清水河道建设，成片连村推进农村河道水环境综合治理，使农村环境明显优化，开展生态村创建工作。四是开展村庄绿化美化。深入实施"兴林富民示范工程"，以增加绿量为重点，大力发展乔木和乡土珍贵树种，形成道路河道乔木林、房前屋后果木林、公园绿地休憩林、村庄周围护村林的村庄绿化格局，建设一批有特色的森林村庄。五是建立农村卫生长效管护制度。加强村庄卫生保洁、设施维护和绿化养护等工作，落实相应人员、制度、职责、经费，探索建立政府补助、以村集体和群众为主的筹资机制，确保垃圾、污水等处理设施正常运行。扩大垃圾分类试点。探索建设村综合保洁站，拓宽保洁范围。

（三）实施生态经济推进行动

生态经济推进行动按照"创业增收生活美"的要求，编制农村产业发展规划，推进产业集聚升级，发展新兴产业，促进农民创业就业，构建高效的农村生态产业体系。一是发展乡村生态农业深入推进现代农业园区、粮食生产功能区建设，发展农业规模化标准化和产业化经营推广种养结合等新型农作制度，大力发展生态循环农业，扩大无公害农产品、绿色食品、有机食品和森林食品生产。大力推广应用商品有机肥，实施"农药减量控害增效"工程，促进农业清洁化生产。二是发展乡村生态旅游业。利用农村森林景观、田园风光、山水资源和乡村文化,发展各具特色的乡村休闲旅游业,加快形成以重点景区为龙头、骨干景点为支撑、"农家乐"休闲旅游业为基础的乡村休闲旅游业发展格局。实施"农家乐加快发展与规范提升"工程,强化"农家乐"污染整治,"农家乐"集中村实行村域统一处理生活污水,推广油烟净化处理等设备,促进"农家乐"休闲旅游业可持续发展。三是发展乡村低耗、低排放工业。按照生态功能区规划的要求,严格产业准入门槛,严禁"二高一资"(高污染、高耗能、资源性)产业到水源保护区、江河源头地区及水库库区入户。深入实施"百家升级工程",推动乡村企业到乡村工业功能区集聚,严格执行污染物排放标准,集中治理污染。推动"技术创新推进工程"和"落后产能淘汰推进工程"在农村的实施,推行"循环、减降、再利用"等绿色技术,调整乡村工业产业结构。鼓励有条件的村建设标准厂房、民工公寓,发展农民技能培训服务中心、来料加工服务点和村级物业等,不断壮大村域经济实力。

(四)实施生态文化培育行动

生态文化培育行动按照"乡风文明身心美"的要求,以提高农民群众生态文明素养、形成农村生态文明新风尚为目标,加强生态文明知识普及教育,积极引导村民追求科学、健康、文明、低碳的生产生活和行为方式,增强村民的可持续发展观念,构建和谐的农村生态文化体系。一是培育特色文化村。编制农村特色文化村落保护规划,制定保护政策。在充分发掘和保护古村落、古民居、古建筑、古树名木和民俗文化等历史文化遗迹遗存的基础上,优化美化村庄人居环境,把历史文化底蕴深厚的传统村落培育成传统文明和现代文明有机结合的特色文化村。特别要挖掘传统农耕文化、山水文化、人居文化中丰富的生态思想,把特色文化村打造成为弘扬农村生态文化的重要基地。二是开展宣传教育。深入开展文明村镇创建活动,把提高农民群众生态文明素养作为重要创建内容。深化开展"双万结对、共建文明"活动和农村"种文化"活动,开辟生态文明橱窗等生态文化阵地,运用村级文化教育场所,开展形式多样的生态文明知识宣传、培训活动,形成农村生态文明新风尚。三是转变生活方式。结合农村乡风文明评议，开展群众性生态文明创建活动，引导农民生态消费、理性消费。倡导生态殡葬文化，全面推行生态葬法。四是促进乡村社会和谐。全面推行"村务监督委员会"制度，进一步深化"网格化管理、组团式服务"工作，积极推行以村党组织为核心和民主选举法制化、民主决策程序化、民主管理规范化、民主监督制度化为内容的农村"四化一核心"工作机制。合理调节农村利益关系，有序引导农民合理诉求，有效化解农村矛盾纠纷，维护农村社会和谐稳定。

美丽乡村建设行动五年计划将美丽乡村建设作为"千万工程"的升级版，以"四美三宜两园"为核心内容，明确从内涵上推进"四美"即科学规划布局美、村容整洁环境美、创业增收生活美、乡风文明身心美，"三宜"就是宜居、宜业、宜游，"两园"指农民幸福生活的家园、城市居民休闲旅游的乐园，整个浙江农村面貌在"千万工程"的基础上进一步发生了质的变化。浙江各地纷纷开展颇具地方特色的美丽乡村示范县创建和品牌建设等实践探索，创建了一批如安吉县的"美丽乡村"、桐庐县的"潇洒桐庐"、江山市的"幸福乡村"等品牌美丽乡村示范县。

三、全面提升美丽乡村建设水平

（一）推动美丽乡村建设

从"一处美"向"一片美"转型，加快美丽乡村建设的规划设计。浙江注重结合新一轮省域城镇体系规划和县（市）域总体规划修编，优化城镇空间布局和功能等级。制定完善美丽乡村建设标准，分类推进规划建设。顺应自然、尊重历史、突出乡土、体现文化，优化农村住房建设布局，形成错落有致、富有韵味的浙派民居新格局。强化推进美丽乡村连线成片。按照"村点出彩、沿线美丽、面上洁净"的总体要求，以沿景区、沿产业带、沿山水线、沿人文古迹等为区域重点，以绿化彩化、干净整洁、立面改造、品质塑造等为建设重点，深入开展"四边三化"行动和"两路两侧"环境综合整治，把庭院建成精致小品，把村庄建成特色景点，把沿线建成风景长廊。要求每个县（市、区）要打造3条以上美丽乡村风景线，推动开展美丽乡村示范创建。

（二）推动美丽乡村建设从"一时美"向"持久美"转型

一是持续抓农村生活污水治理。按照村点覆盖全面、群众受益广泛、设施运行常态、治污效果良好的要求，持续抓好农村生活污水治理工程建设，做到农村生活污水应纳尽纳、应集尽集、应治尽治、达标排放。二是普及农村生活垃圾分类处理。完善农村生活垃圾户分、村收、有效处理的运行模式，根据平原地区、丘陵山区、海岛渔区、城镇郊区等不同地区的实际，因村制宜，把垃圾收集处理体系落到实处。三是打造生态田园人居环境。以"无违建乡村"创建为载体，深入推进农村"三改一拆"、平原绿化、"清三河"地质灾害防治，按照宜耕则耕、宜建则建、宜绿则绿、宜通则通原则，积极开展村庄生态化有机更新和改造提升，形成整齐有序、绿意盎然、河水清澈的村庄新气象。四是建立健全长效管护机制，全面建立农村生活污水治理设施运维管理机制，按照设施运行常态化、配套管理长效化的要求，探索建立城乡一体的基础设施管护机制，提高管理服务水平。

（三）推动美丽乡村建设从"外在美"向"内在美"转型

一是保护好历史文化村落。围绕保护建筑、保持肌理、保存风貌、保全文化、保有生活的要求，大力保护有传统历史、时代印记文化标志、人文故事的乡土建筑。妥善处理好古村落保护、村民生产生活和开发建设的关系，避免无序建设和过度开发。加强对全省历史文化村落的管理，提升保护利用水平。二是培育好特色精品村。按照生产空间集约高效、生活空间宜居适度、生态空间山清水秀的要求，突出"一村一品""一村一景""一村一韵"的建设主题，从自然、人文、产业、建筑、风俗、饮食、特产等方面，多角度、全方位地发掘村庄的个性和特色，不断显现产业、文化、旅游、社区相互叠加的功能。三是建设好浙派民居。按照彰显特色、传承文化、经济适用、美观安全、符合民意的要求，选择1 000个左右的中心村、特色精品村，实施千村浙派民居改造工程，通过推进农村建筑市场产业化、工业化，改变千村一面、千户一面、千房一面的现象。四是传承好传统文化。坚持乡村物质遗产与非物质遗产保护并重，传承一批具有浙江味道和地域特色的活态文化。开展"千村故事"编撰工作，全面挖掘、整理和记载历史文化村落里的生态人居、经济社会、制度习俗、传统工艺、人物传记等文化遗存，记载和传承浙江乡村故事。开展"千村档案"建立工作，建设好村级规范化档案室，加快建设覆盖全省的公共文化设施服务网络，把农村文化礼堂作为传承传统文化的重要场所。

（四）推动美丽乡村建设从"环境美"向"发展美"转型

一是大力发展新型业态。立足资源禀赋、生态条件和产业基础，适应新型业态萌发、三次产业融合、资源要素聚合的新态势，着力打造农业"两区"升级版、农家乐休闲旅游业和农村电子商务升级版，以农业"两区"为主平台，全面推进农业领域的"机器换人""电商换市"，着力提升农业竞争力和生产经营效益。二是积极培育农村创新创业队伍。深入实施"千万农民素质提升工程"，加强农民大学、农民学院和农民学校培训体系建设。引导大中专毕业生、返乡农民工、退伍军人、"大学生村官"等在农村创业。制定农村实用人才和职业农民管理办法，加大对农业乡土专家的培养力度，让农民合作经济组织联合会和有条件的农民合作社成为农村创业的新型主体和全民创业的有效载体。三是注重开展村庄经营。积极探索富民强村的新路子，把发展美丽经济与壮大村集体经济有机结合起来，健全集体资产经营管理体制。以土地、资产入股等形式发展美丽经济或配套产业，通过经营村庄，做大做强村集体经济，努力增加农民收入。四是积极推进扶贫开发。深入实施低收入农户收入倍增计划，大力推进精准扶贫精准脱贫，创新扶贫工作机制，通过产业开发、培训就业、金融支持、易地搬迁、医疗救助、低保兜底、生态补偿等措施，因人因地落实各项扶贫政策，加快低收入农户持续快速增收。

（五）推动美丽乡村建设从"风景美"向"风尚美"转型

一是加强依法治理。深化民主法制村创建，提高依法治理水平。健全农村公共法律服务体系，引导和支持农民运用法律手段合法途径表达诉求，依法维护自身合法权益。认真落实村组织职责和村务决策管理程序，按照"村级版"权力清单制度的规定，对涉及财务收支、美丽乡村创建、工程建设等村重大事务,要及时向村民公开,接受村民监督。二是加强村民自治。完善村党组织领导的村民自治机制,发展农村基层民主,支持和保障村民开展自治活动,扩大民主恳谈、民情沟通、民主听证等民意表达方式,扩大村民知情权、参与权和监督权,充分发挥民智、民力在美丽乡村建设中的作用。三是加强道德教化。坚持"物的美丽"与"人的美丽"并重,充分发挥社会主义核心价值观的引领作用,着力培育新型农民。树立文明乡风,发挥道德教化作用,让农村处处可见好乡风、好家风。加快发展农村公共文化,组织乡村运动会等赛事活动,丰富群众精神生活。

(六)推动美丽乡村从"形态美"向"制度美"转型

一是深化农村产权制度改革。深化"三权到人(户)、权随人(户)走"改革,全面完成农村"三权"确权登记颁证工作,依法赋予抵押、担保、流转、转让等权能。建立健全农村产权流转交易市场体系,建成县、乡、村三级联通一体的农村产权交易平台,支持引导进城落户农民依法有偿退出或转让"三权"。二是推进户籍制度改革。促进有能力在城镇稳定就业和生活的农业转移人口在城镇落户,提高户籍人口城镇化率。完善居住证制度,逐步实现基本公共服务对常住人口的全覆盖,推进形成城乡基本公共服务均等化的体制机制、城乡劳动者平等就业制度。三是构建"三位一体"农民合作经济组织体系。深入推进供销合作社综合改革,组建省、市、县、乡四级农民合作经济组织联合会,密切与农民的利益联结,提升基层组织经营服务能力。

第二章　乡村振兴与美丽乡村建设

乡村振兴是美丽乡村建设的升级，是实现乡村全面建成小康社会的重要内容。乡村建设要求在乡村深入调研与实践的基础上提出解决乡村建设的办法，通过合理规划、因地制宜来传承乡土文化、美化乡村环境、建设美丽乡村。本章分为乡村建设的多元视角、乡村建设应规避的问题、乡村建设中的基本原则、乡村建设中的"三大黄金法则"和乡村建设中的传统与创新五部分内容。

第一节　美丽乡村建设的多元视角

一、古代文人墨客的诗意田园

古代文人墨客都有着归园田居的情结，不只是因为想要避世隐居，更是因为优美的乡村环境和闲适的乡村生活令人神往和憧憬。

"暧暧远人村，依依墟里烟。狗吠深巷中，鸡鸣桑树颠。户庭无尘杂，虚室有余闲。久在樊笼里，复得返自然。"这首诗选自晋代陶渊明的《归园田居》。诗句描写了乡村景色的优美恬静、田园生活的悠然自得，以及摆脱尘世羁留、重返自由的欣悦之情。陶渊明眼中的乡村集中体现一个"隐"字，着眼于人与自然的和谐融洽，侧重于道家人生观及价值取向，着力渲染隐居田园的逸乐氛围。自陶渊明始，"自然之美""淡泊之境""悠游之乐"这三重境界便成为乡村田园的意境。

"梅子金黄杏子肥，麦花雪白菜花稀。日长篱落无人过，惟有蜻蜓蛱蝶飞。"这是范成大《四时田园杂兴·其二》描写初夏江南乡村的诗句，这些诗句形象地展示了江南的田园风光、自然山水和农家生活。

自然美、隐逸美、闲适美是古代乡村的代名词，然而在不断追求现代化的过程中,中国乡村之美正面临瓦解殆尽的危险。让传统村落充分融入现代生活是中国乡村改造的必然趋势,而保持传统村落的原真性、乡土性,则是村落改造必须坚守的底线。诗意的乡村,应是一种充分挖掘乡土文化、还原乡野生活、恢复乡村魅力的诗情画意般的乡村田园生活,是一处真正的世外桃源。

二、现代都市人的梦里故园

对于快节奏、高压力、强负荷的都市人来说,在紧张疲惫的都市生活之外,漫步乡间、流连山野、躬耕田亩总是具有独特的魅力。在经历了城市化、城镇化洗礼之后,城市居民的乡村情结越来越浓,乡村休闲旅游受到越来越多人的青睐,农家乐、采摘园、生态农庄、乡村民宿等逐渐成为城市近郊、家庭出游的首选。

区别于城市的快节奏生活,乡村中优美的田园风光和古朴的农耕生活更能满足城市人放松身心的需求。山水风光及田园耕作、古村落与古建筑、农耕器具与农耕文化、乡村民俗、特色小吃、传统民居、民间娱乐、村落遗产等独特的乡村资源,是吸引城市人来到乡村、体验乡村的核心。近年来越来越多的艺术家、建筑师、美学大家都投身到乡村建设事业中来,打造了一处处舒适、美好的乡村生活空间。推开窗就能看到满眼翠绿,深呼吸就能感受到草地的清香,走出去沿着青石小路就能感受到大自然带来的满足与安宁,这样的乡村,是每个都市人心中的梦里故园。

被誉为"2017第一网红"的知名美食博主李子柒,她的田园牧歌生活——在稻田里插秧,在竹林里挖笋,在荷塘里挖藕采莲,在森林里捡毛栗子、打核桃,在田地里收获大豆、紫薯和花生,在漫天风雪中吃着火锅,从镜头中时不时瞥见远处云遮雾绕的山峰,不禁令人感叹生活的美好、乡村的美丽。

三、农民安居乐业的美好家园

传统乡村聚落是古代先民集体智慧的结晶,在经历了漫长复杂的成长经历后,形成了独特的地域文化和聚落景观,已不单纯是村民的居住场所,还承载着村民的村规、民俗、记忆与悲欢,是一代代人

"乡愁"的载体。但随着改革开放以来城镇化和工业化的推进及其带来的人口大迁徙，使得农村空心化、农业边缘化、农民老龄化等问题日益突出，农村人口持续减少、耕地撂荒、宅基地闲置、公共基础设施落后、民俗文化难以传承，乡村有衰退趋势。

将乡村还给农民，唤醒沉睡的乡村，留住乡村的青年，守护住根一样的家园，将乡村建设得更加美好，让农民回归到日思夜想的故乡，让年轻人回到乡村创业发展，让老人在乡村中能更好地安度晚年，让儿童在乡村中能得到更好的教育与父母的陪伴，让年轻人在乡村中有更好的发展前途，是乡村振兴的最终目标。

总之，乡村建设是一项庞杂的系统工作，首先应想清楚乡村建设的主体是谁，乡村建设为什么人服务，乡村建设过程中的核心问题有哪些，乡村建设完成后如何维护？除此之外，还应搞明白乡村建设能为乡村带来什么？为农民带来什么？乡村振兴战略下的新一轮乡建热潮，应时刻以可持续发展为出发点和基准点。

从"乡村建设运动"到"美丽乡村建设"再到"乡村振兴战略"，中国在乡村发展道路上不断探索与尝试，而现在的乡村振兴可以说是城市化、工业化后对乡村的反哺。

没有一个村庄可以被复制，任何人介入乡村建设工作都应该怀着尊重与敬畏之心，平衡好新与旧、传统与现代、乡俗与信仰之间的关系。随着社会各界对乡村发展的关注，"艺术家下乡""建筑师下乡""人才下乡潮"这样的报道屡见不鲜，大家都认为乡村建设中存在大量的机遇，一些村庄改造后被冠名"乡村实践案例""乡村实验室"，建成后为村庄引来了一批批的流量，但其被参观后农民能否受益？在改造的民居里生活是否舒适？过去习惯的生产、生活方式是否保留？这些都值得我们反思。无论是谁，在乡村建设这条道路上，首先要扎根于农村、到乡村去学习、向农民学习、与农民打成一片，坚持绿色循环的生态理念，保护农村的自然生态，传承农民的乡风民俗，激活乡村的历史文化，牢牢地守住建设底线，将浓浓的乡愁带到乡村建设工作中去，才能让乡村充满希望与活力！

第二节　美丽乡村建设应规避的问题

一、大拆大建的形象工程

很多乡村在建设中前期调研不足、规划不足，改造建设偏离重点，照搬城市建设模式，最终在村庄里建设了很多大牌坊、大亭廊、大广场、大公园，脱离了乡村建设的实际，没有从村民的需求出发，没有从村民最迫切需要改善的生活基础设施着手。这样的乡村建设可谓造成了资源与资金的巨大浪费，对村庄本身的发展反而没有意义。

为了避免原生村庄自然环境、聚落空间及地域文化的丧失，必须规划先行，有章法、有顺序地进行乡建开发工作，要对乡村的实际情况进行摸底调研，分清先后主次，拒绝使用城市化建设的标准和建设手法去建设乡村，避免诸如硬质道路驳岸、城市草坪、种植修剪灌木、摆设花盆等这些后期维护成本较高的过度城市化的景观环境设计。没有了小桥流水、传统民俗的村庄不再是曾经的村庄，最后得到的就是千村一面。有的地方甚至把文化祠堂和名人宅院都统统拆掉，把历史文化传承搞得荡然无存，这种对生态的破坏、对人文的践踏，造成的后果难以估计。

乡村建设应注重保留村庄原始风貌，保持原有道路、排水沟渠线形，不大面积平整场地，尽可能在原有村庄形态上整治环境。要保护好村落周边的山、水、林、田、园、塘、渠、沟等乡村资源，努力做到不开山、不污水、不砍树、不削坡、不占田、不毁园、不填塘、不改路。

二、乡村建设缺乏合理规划

很多乡村建设由于政府缺乏资金，不愿意聘请专业的规划院、建筑院对村庄进行规划设计。乡村建设工作也是想到哪里干到哪里，没有建设标准和建设要求，只是简单地对民居建筑"穿衣戴帽"，没有从建筑本身和村民生活最根本的需求出发，没有对农民的生活状态、经济状态、社会状态等方面进行调研,这样的乡村建设工作是不实际、不踏实的,最后的结果是资金并没有少投,但核心问题得不到解决,农村产业定位不清晰,村庄发展不见成效,农民不满意。

制定科学、合理的规划是确保乡村建设工作有序推进的基本保障,规划中需要因地制宜、认真调研、合理规划、分类指导。真正做到先规划后建设、高标准、高要求、控资金、讲落地,尊重村民的意愿,保留村庄的历史文化和格局风貌,少拆建、慎砍树、多保留,分期分类开发,循序渐进开展乡村建设工作,从环境整治、垃圾分类、污水改造、厕所升级入手,改变村庄的脏乱差现状,对村民进行宣传教育,提升农民的综合素质。

三、乡村建设缺少农民参与

乡村建设工作中,最核心、最重要的主体就是农民,有农民有生产的乡村才叫乡村。习近平总书记在全国实施乡村振兴战略工作推进会议上明确指示并强调:实行乡村振兴战略,是党的十九大做出的重大决策部署,是新时代做好"三农"工作的总抓手。习近平总书记强调:要尊重广大农民意愿,激发广大农民积极性、主动性、创造性,激活乡村振兴内生动力,让广大农民在乡村振兴中有更多获得感、幸福感、安全感。习近平总书记的指示充分表明,实施乡村振兴战略要始终把农民放在主体地位,要让农民真正参与其中,让农民"唱主角""当主演"。

乡村建设工作是一个复杂的系统,需要调动农民的主动性、积极性和创造性,农村建设好了,最终受益的还是农民。所以要发挥农民的内生动力,尊重并合理采纳农民的意见,让他们在乡村建设中从被动变为主动。

尽管美丽乡村建设使得乡村面貌发生很大变化,但是在实际操作过程中,很多地方政府往往从城市建设的视角对乡村进行规划建设。事实上,由于缺乏对乡村总体布局和环境配套服务功能的通盘考虑,在实施过程中通常搞大拆大建,硬化建设工程随处可见。

第三节 美丽乡村建设中的基本原则

一、以富民为本

在乡村建设中农民为主体,要始终将农民的需求和利益放在首要位置,充分发挥农民的参与性,尊重农民的意愿。

加强乡村组织建设,推动乡村社会管理主体的多元化。要让乡村基层党委政府、乡镇企业及农民参与到乡村社会管理中,保障乡村建设的多元化管理,实现资源供给的多方位保障,使得乡村社会管理资源优化配置,鼓励农民积极参与乡村管理的事务,真正合理利用乡村资源,帮助农民找到致富之路,使乡村建设以农民为本,以农民的富裕为立足之本,服务于农民。广大的乡村居民是乡村建设的主体,也是乡村建设成果的受益主体和价值主体,要在乡村组织建设管理中,提高农民对乡村建设的认知水平,培养农民对乡村建设的责任感和参与意识。

美丽乡村建设要始终坚持发展生态农业,使乡村建设与乡村的经济发展协调共进,通过生态农业的建设与发展,把富民理念贯穿美丽乡村建设的全过程,走一条生活富裕、生态良好的乡村建设发展道路。

二、美化乡村景观

乡村景观是在乡土地域自然环境、气候、经济、文化、技术和宗法礼制共同作用的环境中生成、发展起来的,有着深厚的地域文化内涵。美丽乡村建设要坚持乡村各景观和谐共生的原则,要遵从乡村自然景观格局,创新发展乡村景观美学。深入挖掘乡村景观的美学和文化价值,结合新时代农村生活生产特点,充分利用乡土特色植物、材料和传统工艺技术,构建新的乡村美学理念,修复地域景观,保护、延续并提升乡村景观风貌。

加强乡村生态景观提升,运用兼具经济价值和景观价值的乡土植物,按照植物群属的结构组织特征,实现有机组合,营造适应四季变化的生态景观，优化乡村生态环境。同时乡村景观设计过程中需要充分考虑地方文化的保护，利用好筑堤、沟渠、砌石、自然驳岸等基础设施，优化景观效果，使其兼具生产服务价值与景观价值。要兼顾乡村基础建设与田园景观、林地环境保护的有机统一，尽可能减少对良好环境的破坏与干扰。

乡村建设要立足自然山水格局，传承、延续并创新发展地域文化景观特征，实现地脉、文脉、生态和景观格局的有效传承与可持续发展。

三、发扬乡村文化

乡村文化的发展要注意结合乡村特色的生态资源和人文资源，例如，乡土人情、文化古迹等，让乡村文脉资源融入美丽乡村建设，展现独特的美丽。乡村文化是几千年发展历史的沉淀，乡村优美的自然风光，悠然自得的田园生活，独具特色的民风民俗，纯朴的风土人情，都是中华民族多元乡村文化的完美体现。

结合乡村文化与民俗特色，在乡村建设中要充分融入、突出乡村的民俗风情和乡村特色。乡村文化遗产是一个乡村历史文化和精神寄托的载体，是乡村（尤其是传统村落）中最具特色的人文景观，乡村建设中应当充分发掘乡村历史文化、民风民俗、传统技艺等元素，保障好重要文化遗产、原乡民俗和文化休闲的用地，通过保护性修复或者场景再现的形式优化文化景观，形成具有乡村地域特征的地标性文化景观。

发扬乡村文化也是党的十九大提出的"二十字方针"的丰富乡村建设内涵、提升乡村振兴战略层次的乡村文化建设的"乡风文明"具体工作之一。乡村文化建设是一个系统性的工程，是推进生态农业的生产发展，提高农民生活水平，发扬乡村优秀传统文化，保护乡村物质和非物质文化，保护我国乡村的农耕文明、游牧文明，继承和发扬中华民族的优良传统。

在乡村文化建设过程中，要强化乡村的原生态文化传统，不要引入过多的现代化城市元素，坚持发扬乡村文化的原则。

四、优化乡村用地

乡村建设中要因地制宜,结合当地的地形地貌,在布局中禁止套用城市总体规划的布局模式,避免对村庄建设造成不必要的破坏和浪费。利用村庄自然线条,体现出地方特色。将山、水、湖、林和乡村有效地组织起来,为村民提供环境优美、舒适安宁的生活环境。对村庄中各类用地统筹考虑,规划好生活居住用地与生产建筑用地、农业用地及其他用地之间的关系,优化乡村空间布局,合理利用村庄各类用地。

要坚持集约利用乡村土地,因地制宜,有选择性地发展交通不便、人口较少、地理位置偏僻的山区乡村;限制发展基础设施和公共服务设施不高的基层乡村;重点发展乡镇、城市的中心村;优先发展乡政府所在乡村。通过对各个乡村环境承载力和环保要求的综合因素的考察,对乡村空间布局进行调整,对乡镇企业的产业布局合理安排,对乡村建设统一规划设计,实现对乡村用地的优化。

五、实现乡村生态发展

美丽乡村建设中,还要坚持生态发展的原则,强化乡村生态治理,实现乡村生态宜居目标。结合乡村的自然地理环境、乡村经济社会发展水平,切实保护乡村的生态环境和生态特色,实现绿色可持续的生态发展理念,加强乡村建设中的组织管理建设,加大对乡村生态建设发展的资金投入,完善乡村生态治理中基础设施的建设,推动乡村对水资源和耕地土壤质量的生态保护和治理,创造优美的乡村生态环境。

北京沈家营在美丽乡村建设中,坚持以"用垃圾装点村庄"为理念,用村民家中废弃的瓷片瓦块拼凑成各种宣传标语,展示在村落的大街小巷;村民中有人用空的易拉罐做成了漂亮的灯笼,悬挂在各家各户的大门口;也有人用村中废旧的轮胎做成花盆,再种上各种鲜花装饰乡间小路;还有人收集了村民用剩下的塑料瓶盖装饰自家的院墙。整个乡村中的这些废旧材料都被村民有效进行了二次利用,更重要的是这些装饰还美化了乡村的环境。

2008年汶川地震后，四川省的一些震后村庄需要进行新村重建。在乡村建设中，改变村民的生态环保理念，应用现代化的生态技术实现了乡村布局的生态化。沼气的运用就是一个很成功的例子，把村民家中的厕所、喂养牲畜的牲畜棚、村民家里的沼气池都互相连接起来，沼气被用来烧水、做饭，沼液、沼渣用作农民种庄稼的肥料。这样的生态布局，大大节省了村民每年生活所需的木材，降低了整个村庄中对森林资源的消耗，不仅提高了乡村卫生质量，还改善了乡村的生活环境，增加了经济效益。

总之，美丽乡村的建设要坚持以上的基本原则，不是简单地植树种花，不是简单地建设气派高大的门墙。从整体上看，乡村居民建筑与农田、河流等乡村自然景观要融为一体，交相辉映，达到人在村中、村在景中、景在画中的意境。乡村建设中要对村民居住用地、农业生产用地、工业用地等进行合理布局，整治空心村，减少土地浪费。美丽乡村布局要实现生态化，要建设节约型、循环型、环境友好型村庄。

第四节　美丽乡村建设中的"三大黄金法则"

一、乡村建筑改造"表里如一"

（一）乡土性是乡村建筑改造的底线

在乡村建筑改造前，要坚守的唯一原则就是保留建筑的乡土性和原真性。在社会发展的进程中，乡土性逐渐被城市化的推进所淹没，成为许多地区普遍存在的问题，如果一味地追求用城市化的手法和现代建材对乡村进行改造，那么乡村建设就只剩下一具没有灵魂的躯壳，丧失了乡村建筑本身有的与天地、自然、环境水乳交融的意义，那样的建筑是不属于乡村的。

乡村建筑是组成村庄肌理的主体单元，是搭起乡村生活空间的重要构成，是乡村文化和乡风民俗的一种展现，民居建筑中承载了能代表地域建筑风格的各种符号，有着属于这个地域的文化基因，屋顶的样式、门楼的形式、窗棂的样式、墙面的材料、楼座的序列都展现着中国人的建筑智慧,在改造中要延续这种精神,向建筑智慧致敬,守住乡村建筑改造的底线。

(二)在传统与创新之间寻求平衡

乡村建筑改造过程中要注意保留乡村多年来沉淀的人文环境、乡村精神、价值观念和生产生活方式,发挥旧建筑新的功能和活力,让乡村的文化渗透到建筑中去,还原乡村原有的肌理面貌。

建筑改造的出发点要从尊重现状开始,尊重现有的建筑形式、建筑材料、建筑中的一砖一瓦都要作为尊重的对象。尊重在这个建筑中生活过的人、尊重这个建筑存在的空间和存在的时间,要怀着敬畏之心去做乡村建设,一旦疏忽,原有的乡村将面目全非,所以一定要谨慎介入乡建工作。

传统改造要坚持修旧如旧,就地重建,对老建筑进行"望闻问切",从解决问题出发,发现老建筑需要"动刀"的位置,保留哪些?拆除哪些?扩大哪些?改造哪些?搞清楚后再做决定。当然,一切的改造以空间功能为导向,在解决空间功能问题后通过修旧如旧的方式去进行建筑立面的改造,以纯朴的、乡土的材料和手法去进行新与旧的嫁接,满足使用者的需求、与周边环境相协调、回归真实乡村田园生活状态是最终的目的。

需要深度改造的建筑或者创新重组的建筑需要艺术家的手和思维去改造,要对整体的建筑肌理、建筑语言、建筑空间、建筑动线、建筑风貌进行全面剖析,将原有的乡村建筑元素以现代的建筑语言和手法表现出来,得到类似人们所说的"混搭"效果带来的化学反应,在时尚中又有古朴的感觉,在古朴中又有现代建筑的影子,这样的建筑空间、采光、园林、景观、格局都有了新的生机,仿佛山水画中的诗意田园,每一处都透露出思考过的精细,透露出生活的美学和哲学。

二、乡村景观与环境"和谐共生"

(一)乡村景观要以原生态为内核

坚持乡村景观的自然属性,就地取材,合理利用,重视与周边环境的协调性,追求乡土味、生活化和趣味性,采用遵循自然肌理的"点""线""面"的设计手法,是构建乡村景观框架的良好模式。在乡村景观的打造上要考虑与建筑风格、文化主题、地域特色相融合,利用点状景观的空间丰富性营造富有生机的环境主题,如一棵古树、一口古井、一座古桥、一块灵石等,通过合理的氛围营造,为整个环境点缀增色,因地制宜地选取材料作为景观的载体,如在北方可以大量运用石头、木头、卵石、土坯、铁艺等作为乡村景观的基础,在南方可以选择楠竹、石头、木材等材料作为乡村景观的载体,通过艺术化的造型和材质拼接创意,赋予其新的主题。

(二)营造丰富的"点""线""面"景观空间

"点"型空间要在场地内通过单体小品、景观、构筑的方式突出,如在院落内布置景观水井、石磨盘、车辖辘、农耕用具等农业生产工具进行景观氛围的营造,同时利用丰富的乡土植被进行空间营造,在藤架上可以利用丝瓜、葫芦、黄瓜、葡萄等蔬菜瓜果进行垂直点缀。

在乡村空间中,如在村口需要一个村标,可以通过牌坊、大型标识牌、景观立柱等作为景观符号;村庄里可以有若干休闲活动的节点,如村民的活动广场、休憩广场、景观广场等,通过雕塑小品的方式打造一系列能够进行宣传教育、具有当地文化特色、进行健康生活引导的主题景观,同时可以增设一系列休憩座椅、宣传栏、健身器械、文化雕塑小品等景观要素。

"线"型空间的打造要依托乡土植物,如绿篱等植被,营造出丰富的景观天际线,比如,在乡村道路两侧,种植适宜当地生长的景观行道树、景观绿篱、蔬菜果树、高粱水稻、麦子油菜等,以农田的整体韵律、果树的春华秋实、苗圃的郁郁葱葱、花卉的绚丽多姿构建景观氛围,同时通过高低错落、树形树姿、四季色彩的变化等,形成丰富的乡村田园景观。

"面"型空间可以是一处景观休憩节点,或者是村民活动广场,要留有足够的使用空间,满足聚会、活动、演艺等功能需求,是一处以人为核心"聚合"的空间,功能主题是让乡村文化、地方特色得以延续、保存,注重村民的参与性,给予丰富的活动休闲空间。

(三) 乡村景观要植根于地域文化

乡村文化是整个乡村建设的核心，一切建筑、景观都要根植于地方文化，在乡村建设的过程中突出文化的重要性，将文化渗透到生活、生产、生态当中，摒弃千村一面的建设现状，突出各个村庄民风民俗、劳作方式、饮食习惯的差异性，保持乡村文化的原真性和独特性。

挖掘每个村庄独特的历史文化和风土人情，使文化传承成为乡村发展的根本动力。乡村景观是乡村文化的一种很好的表达方式，从碎片化、艺术化、节点化的表达中勾起人们的文化记忆，在感受乡村生活和乡村文化的过程中，使人们对乡村再次形成一种认同感和归属感，既展现了新时代的全新需求，又为乡村建设的可持续发展提供了空间。

(四) 艺术乡建引导村庄更有情怀

当艺术遇上乡村，两者之间会产生意想不到的效果。在艺术家的引导下，乡村如同一张画布，艺术家的画笔赋予乡村更多的惊喜，激发乡村更多的潜能和可能性，能将一个普通的村庄变成一个有诗意、有情怀的艺术村落。

艺术乡村和乡村艺术化是艺术和乡村互相渗透的两个方向，前者吸引更多的艺术家、创客聚集，以田园工作室、乡创艺术实验等方式开展，最终的目的是将乡村打造成一个艺术空间，后者是艺术家把自己的生活与乡村紧密结合起来，不仅仅是在乡村工作，更是在乡村居住、生活，将他们的创作与乡村环境紧密地结合在一起，自古文人雅士都喜归隐，都有浓郁的乡土情怀，可以说乡村是艺术创作灵感的源泉。艺术乡建既能给艺术工作者提供展现自我的平台，又能提供给他们创作的灵感，同时，艺术乡建也能优化农村产业结构，推动乡村文化建设，并加快农民脱贫致富。

(五) 创意乡建让田园村落更有范儿

乡村因为建设发展的需要，主动吸引艺术家或者自发进行乡村的美化和改造在国内还并不多见，但是在乡村基础较好、艺术普及性强的国外和我国台湾地区，使用艺术范儿手段提升乡村的魅力和产业的价值,已经成为非常普遍的现象。

这一方式主要是通过艺术家的引导,让村民参与到"艺术乡村建设"中,主动改变乡村的村貌。例如,在我国台湾地区出现了很多彩绘村,很多本地居民自发地对乡村进行艺术改造。这些艺术改造最常见的形式是涂鸦——把乡村的墙面、地面全部涂上色彩鲜艳的图画,如彩虹、卡通肖像、吉祥年画,甚至放大的艺术字体等。虽然画作本身没有章法,作品相对比较质朴,但深受人们的喜爱。很多原本普通的乡村,在这种低成本、高成效的艺术加工之下,变成了如童话世界般的绚丽村庄,吸引了大量游客前来拍照、猎奇。

三、综合整治乡村"改头换面"

(一)建筑整治要做到分类分级

对村落建筑分类分级改造修缮,提升村庄的整体形象与面貌。整治初期应对现有村庄建筑数量、质量、高度、风貌进行综合整理分析,系统化提出建筑整治综合方案,避免大拆大建。从拆除危房建筑、保留建筑修缮、新建建筑形态几个方面出发,统一整治建筑的色彩、材质、造型等内容。在建筑的构建元素上要运用当地的建筑风格,如窗棂、屋檐、山墙、墙基等,适当的地方元素装饰将有助于展示乡村的风貌特征,新建建筑与保留建筑之间要有风貌关联性,避免城市化的建筑风格和建筑手法,做到建筑与环境协调一致。

(二)景观整治要突出乡土氛围

景观整治要突出乡土性和文化性,重点整治村口、活动广场、庭院环境、村庄卫生、村庄绿化、道路铺地、村容村貌等方面。村口景观是整个村庄的第一形象和文化展示窗口,应通过牌楼、大门、景观石、植被绿化、宣传标示等手法进一步强化村庄的主题风貌;村民活动广场是一个村庄文化、民风民俗、邻里交流的聚集地,是村民活动纳凉的最佳空间,应在广场上设置供村民游憩的亭廊座椅,同时在广场两侧增加村民活动宣传栏,展示村庄活动、健康知识、公共卫生、时政新闻等内容;村庄卫生要分类整治,合理设置垃圾箱、垃圾处理点及垃圾回收中心,定期给村民宣传垃圾分类的必要性,村委会设置管理监督小组，责任到人，明确分工，彻底解决村庄脏乱差的问题。

（三）道路整治要完善公共界面

对村庄主干道路与次干道路进行道路硬化，村庄步行小径要铺设鹅卵石或者毛石图案，扩宽道路两侧景观绿化，道路两侧增加公共服务设施，如路灯、座椅、垃圾箱、宣传牌、景观小品以及公共休憩空间，道路两侧种植具有乡土特色的植被花卉，行道树以遮阴的大乔木为主、搭配乔灌木形成丰富的道路景观。整治道路两侧的杂乱管线，避免破坏天际线景观。道路公共休闲空间应融入地方文化，以浮雕墙、雕塑小品、宣传牌的方式进行包装设计，休闲空间应设置满足村民游憩的休闲座椅和景观平台，完善乡村道路的功能性与层次性。

（四）河道整治要增强滨水体验

对村庄内的河道、水库、水塘、湖泊进行系统整治，从水体净化做起，对河道进行清淤改造。通过种植湿生植物、设置沉沙池、修筑拦水坝等方式，改善水质，提升防洪能力，满足亲水体验。在河道边设置三级滨水体验系统，岸堤设置滨水游憩栈道、骑行绿道和亲水木栈道，打造立体的滨水体验空间。滨水设置汀步、亲水平台、游船码头等设施。游船码头分类分级，一级码头以售票、咨询、商业、集散为主，二级码头以服务、休憩、商业为主。利用水资源开发游船体验、垂钓休闲、亲水游憩等水上旅游产品，丰富村民与游客的滨水体验。

第五节　美丽乡村建设中的传统与创新

一、乡村建设中的传统建设

（一）乡村建设面貌

与城市相比，一直以来，我国大部分乡村地区的居民住宅较为分散，广场、道路等基础设施比较落后，老旧、危险的农房依然成片存在，河道水系的淤积断流现象比较严重。近几年来，随着美丽乡村建设的推广和深入，在各级政府的不懈努力下，乡村人居生态环境得到了一定的改善。总体来讲，随着城镇化建设的加快，老旧、危险的农房因各种征地拆迁而逐渐消失，乡村农房改造趋向于统一规划设计，居民住宅被集中安置。当前已建成了许多典型的乡村社区，如浙江省义乌市积极创新农房改造模式，形成了一套具有当地特色的经验做法，基本完成了区内乡村旧房拆除改造工作。

1. 河道水系的整治工作

目前，很多地方乡镇级政府也已着手开始河道水系的整治工作，主要涉及河道清淤疏浚和人工护岸建设等。例如，北京市采用生态清洁小流域综合治理模式，以小流域为单元，水源保护为中心，以溯源治污为突破口，在全面规划的基础上合理安排农、林、牧、副、渔各业用地，因地制宜地布设综合治理措施，从一家一户做起，全面推进生态村镇建设。

江苏省以县乡河道疏浚工程为重点，将疏浚整治和长效管理并行，实行"以奖代补"专项补助政策。尽管饮用水水质还有待进一步提高，但是很多乡村地区已实现了自来水的集中供应。随着自来水的安装入户，很多居民家中安装抽水马桶以取代原有的旱厕，且相应的污水管道也在逐步推广建设中，生活污水集中处理效率日益提高。其中，乡村生活污水处理的技术研究始于"九五"期间，当时，清华大学等单位在滇池流域污染治理项目中选用人工复合生态床、地下土壤渗滤、缺氧/好氧生物滤池等作为乡村生活污水处理的技术手段，前两项属于单纯的生态技术，最后一项属于单纯的生物技术。

2. 乡村景观建设

乡村绿化景观建设也取得了一定的进展，在实践过程中很多地区都积累了丰富的经验。北京地区的乡村经过绿化景观建设，使得原有乡村呈现出"村在林中、路在绿中、房在园中、人在景中"的状态。而上海则鼓励乡村住户在自家院落中种植蔬菜和果树等绿色植物。相比之下，浙江的乡村建设起步较早，从安吉乡村建设开始，已较为全面地涉及乡村道路、河道、院落、宅旁绿化和公共绿地的建设，为乡村居民提供了优美的乡村聚落景观和居住生活环境。乡村道路逐步得到硬质化修缮，尤其在中东部经济发达地区，几乎实现了村村通水泥路的状态。另外,乡村固体废弃垃圾收集与处理也逐渐得到落实和实施。

3. 乡村居民生活水平提高

美丽乡村建设改变了乡村现有自然环境和以农耕产业为主的风貌。在各级地方政府的积极行动下,乡村旅游业、生态农业、休闲农业、规模养殖等产业得到大力发展,打造出多个乡村品牌,拉长了产业链条,加快了产业集聚,改善了乡村居民的生活水平。在农业开发方面,现代农业、特色农业的深入发展使得乡村经济水平得到提升,为乡村面貌焕新及其开发建设提供了经济基础,带动了乡村人文精神文化的发展,使得乡村居民生活生产心态更加积极向上。

(二) 乡村建设的典型模式

近几年来,各级政府采取一系列行动大力开展美丽乡村建设,并已取得阶段性的成果。乡村面貌总体上获得改善,服务功能全面优化,农民主体地位提高,农业增产,农民增收,城乡差距逐渐缩小,广大农民群众切实体会到了幸福感,涌现出一批乡村建设典型模式。2014年农业农村部发布美丽乡村创建的十大模式,分别是产业发展型模式、生态保护型模式、城郊集约型模式、社会综合治理型模式、文化传承型模式、渔业开发型模式、草原牧场型模式、环境整治型模式、休闲旅游型模式和高效农业型模式。

1. 产业发展型模式

乡村建设中的产业发展型模式,主要是针对东部沿海等经济相对发达的地区。这些地区有发展基础较好的乡镇企业和农民合作社,农业产业化发展水平较高、产业特色明显且规模化经营,乡镇企业能够带动这些地区的经济发展,初步形成"一村一品""一乡一业"。产业发展型模式的典型包括江苏省张家港市南丰镇永联村、北京市门头沟区妙峰山镇樱桃沟村等。

2. 生态保护型模式

该类型模式主要集中在环境污染少、生态优美的地区。这些地区的乡村自然条件优越,有丰富的水资源和森林资源等,乡村中保存着完整的传统田园风光和古朴的乡村特色，生态环境优势助推经济发展的潜力巨大。例如，2012年荣获我国首个"联合国人居奖"的浙江省安吉县，该县从2003年开始"生态立县"的战略规划，严格保护生态资源，引导全民积极参与建设绿色生态城市，安吉县也是以森林覆盖率71%、植被覆盖率75%而著称的天然氧吧，安吉县也成为全球竹子生产和技术方面的领导者，给当地的农民提供了自主创业和就业的机会，积极开展乡村生态农业，在美丽乡村建设的过程中，推进安吉县生态建设和经济文化建设。

3. 城郊集约型模式

乡村建设中的该类型模式主要分布在大中城市郊区。这些地区距离大中城市近，交通便捷，经济条件、各种基础设施和公共设施完善，农业产业的集约化、规模化水平较高，农民可以提供给周边大中城市重要的粮食、蔬菜水果等农产品，因此农民的收入水平也相对较高。例如，北京周边的乡村，好多都以设施农业作为发展重点，乡镇规划中大力提倡农民种植蔬菜，通过政府行为建立了田间学校和蔬菜批发市场，推动整个乡镇的蔬菜种植专业规模化，充分利用了土地资源，同时也使农民的收入增加，提高了农民的生活水平。

4. 社会综合治理型模式

这一模式的主要特点是地理位置条件好，基础设施相对完善，经济基础强，且带动作用较大。该类型模式主要分布在人数较多、规模较大、居住较集中的村镇。其典型如吉林省松原市扶余市弓棚子镇广发村。

5. 文化传承型模式

乡村建设中的文化传承型模式，主要是针对乡村文化资源丰富、具有特殊的人文景观（古建筑、古村落、古民居）、独特的民俗文化和非物质文化遗产的地区。例如，浙江永嘉县针对散落在楠溪江畔的220个被称为"中国乡土文化史书库"的古村落，出台了一系列的文物保护政策，引导这些居民向城镇迁移，以便能够更好地保护和传承文化村落文明。依托楠溪江优秀的自然资源和人文资源，大力开发打造美丽乡村生态旅游业，促进当地经济发展。另外，河南省洛阳市孟津县平乐镇平乐村,也是文化传承型模式的典范。

6. 渔业开发型模式

该类型模式主要分布在沿海和水网地区的传统渔区。这些地区的产业就是以渔业为主,通过发展渔业促进就业,增加渔民收入,繁荣农村经济。如我国沿海地区的农民世世代代都是靠海吃海,渔业在经济中占据了主导地位。

7. 草原牧场型模式

草原牧场型模式主要针对牧区经济发展产业以草原畜牧业为主的牧区、半牧区的县(旗、市),牧民收入的主要来源也是草原畜牧业。内蒙古的道海嘎查是开展美丽乡村的一个典型,通过推广标准化养殖及特种养殖,走上了养殖规模化和标准化的道路,积极引导农牧民走合作发展之路,形成了独具草原特色、民族风情的草原发展模式。

8. 环境整治型模式

该类型模式主要分布在农村脏乱差问题突出的地区,农村的基础设施建设落后,农民的文化水平不高,还有严重的环境污染问题,对这些地区就要首先进行环境整治。广西恭城瑶族自治县莲花镇红岩村经过生态乡村建设和城乡风貌改造,形成了自然环境、山水风光优美的乡村旅游模范村。

9. 休闲旅游型模式

该类型模式主要分布在适宜发展乡村旅游的地区,这些地区的旅游资源丰富,交通便捷,非常适合久居城市中的人休闲度假。其典型如江西省婺源县江湾镇、南京市江宁区石塘村、贵州省兴义市万峰林街道纳灰村。

10. 高效农业型模式

该类型模式主要分布在我国的农业主产区,这些地区是以农业作物为主,农田水利等农业基础设施相对完善,农业机械化水平高。其典型如福建省漳州市平和县三坪村。

二、乡村建设中的创新途径

社会转型在推动乡村社会发生变迁的同时,亦使乡村社会管理机制实践的社会基础与组织基础都随之发生了变化。乡村建设中的创新，首先要从管理机制上创新，建立党政机关和农民共同进行管理的多元化乡村建设管理机制，调动全社会的力量，积极促进美丽乡村建设的新途径。

（1）夯实乡村振兴经济基础。乡村建设中，要加大发展乡村经济，才能稳定乡村的社会管理，加快乡村产业经济的转型发展，才能稳固乡村经济基础。乡村各级党委政府要和农民一起谋求发展，充分利用本地区的特色优势，寻求适合本地区的产业发展模式，引导农民走产业规模化发展之路，积极调整产业结构，提倡农民自主产业化创业，政府应加大支持力度，引进新的资金、新的项目，形成工业反哺农业、城市反哺乡村的机制，在乡村建设中强化科学技术的创新应用，解决乡村劳动力的就业问题，增加农民的收入，提高农民的生活水平，维护乡村社会的稳定发展，共同打造和谐的社会环境。

（2）加强思想道德建设。乡村建设中，要注重村民的思想道德建设，加强乡村法治教育建设，构建村民法治建设和思想道德建设的双重建设体系，迎合美丽乡村建设的多元化结构，促进乡村文化的繁荣兴盛。邓小平指出，制度问题"更带有根本性、全局性、稳定性和长期性"。因此要深入开展乡村文明行动，注重幸福家庭建设、乡村邻里互帮互助意识，形成健康向上的乡村精神风貌，同时要发扬中华民族的优秀传统文化，把文化建设贯穿到村民的生产生活中。

（3）改善农村环境条件，构建和谐的人居环境。乡村建设要集中整治环境，针对农村化肥农药的使用对环境的污染、农村垃圾的处置、农村的饮食安全和社会治安等突出问题，要因地制宜地提出治理方案，大力改善乡村的基础设施，推进乡村道路设施、电力设施、环境卫生一体化、教育及村民住房等建设，加快对乡村公共服务的完善，持续改进乡村环境建设，建立和谐的乡村人居环境，打造优美的乡村生态环境，保护乡村良好的原生态环境。

（4）在网络信息化时代，大数据在乡村建设中的创新应用。在乡村建设中，积极构建大数据信息网络，把乡村治理有关的各个主体、乡村的生产生活中的数据信息都反映到大数据的收集、分析中，使政府部门具有更强、更快的决策力、洞察力和应变处置方案和预案，及时快速地提高应急反应能力,从而客观准确地了解村民的诉求,在乡村治理现代化的能力和水平方面得到提升,从而提高乡村治理能力的现代化和服务能力的精准化、个性化。

最新的信息化手段必将给乡村治理现代化带来新的变化。大数据在乡村治理现代化中的应用目前主要体现在以下几个方面:用大数据技术建设美丽乡村,可以全面掌握和了解乡村发展动态、村民的情况和意愿,为作出公开透明的乡村社会管理决策提供依据,建设适合居住的现代化新农村。大数据对于提高农民收入、发展乡村经济具有革命性的意义;通过大数据随机抽查监督,促进了社会治理和行政服务方式的创新和延伸;可以利用大数据建立乡村政务云平台。开展以大数据为基础的乡村电子政务公共服务平台的设计,建设集中统一的具有决策、预警机制的乡村电子政务云平台,为乡村提供高效的服务器资源、海量的存储空间、高速的网络宽带和安全的网络环境。让每一个村民可以第一时间从手机终端了解到第一手村务信息、政务信息,还有农产品市场需求和外出务工等与各家各户利益息息相关的各种信息。用大数据建立继续教育机制,从机制上推动全民学习,传播健康向上的乡村文化,优化乡村治理的软环境。

第三章 "千万工程"与乡村产业

第一节 "千万工程"对产业兴旺的带动效应

"千万工程"既保护了"绿水青山",又带来了"金山银山",使众多村庄成为绿色生态富民家园,也形成了经济生态化、生态经济化的良性循环。

美丽业态蓬勃发展。从"卖山林"到"卖生态",变"种种砍砍"为"走走看看",乡村旅游、养生养老、运动健康、电子商务、文化创意等各类产业在乡村不断涌现,田园变公园,农房变客房,美丽经济风生水起。

村庄活力得到激发。各村纷纷以土地入股、资产入股等形式发展美丽产业,将生态优势转化为发展优势。2019年浙江省全面完成6 920个省定集体经济薄弱村"消薄"任务,所有行政村全部达到年收入10万元且经营性收入5万元以上的"消薄"标准,农村经济活力如泉水涌流。

农村集体经济收入实现新高。截至2022年底,浙江省农村集体经济总收入达到760亿元,全面消除了年集体经济总收入20万元以下、经营性收入10万元以下的行政村,年集体经济收入30万元以上且经营性收入15万元以上行政村占比85%以上。

第二节 加快特色产业扶贫转向产业振兴

实施项目闭环式管理是加快特色产业扶贫转向产业兴旺的有效手段,坚持资金跟着项目走,项目跟着规划走,责任跟着资金走。操作流程是资源→规划→项目→资金→资产→整改,整合乡村资源资产资金,实施资本化运作,推动资源变资产、资产变资金、资金变资本、

第三章 "千万工程"与乡村产业

农民变股东"四变"改革,不断提高项目资金的使用效率。难点在于特色产业项目的谋划,基层干部能力不足。实施项目闭环式管理,就是将前期谋划、中期实施、后期监管到整改提升过程作为一个闭环系统,使系统和子系统内的管理构成连续闭环和回路,进而使问题得到及时解决,决策、控制、反馈、再控制、再反馈,从而在循环积累中不断完善提高。四个阶段是自我完善形态的运行体系,是过程化管理与结果性管理的有机结合。整改提升是上一年循环的结束,也是下一年循环的开始,环环相扣,项目管理成效在循环中阶梯上升。在循环中,前期谋划要以清晰认识自身资源禀赋和优势为前提,制定特色产业发展规划,确定特色产业发展思路,在此基础上,科学谋划储备项目;中期规范使用资金和实施项目;后期建立"产权清晰、权责明确、管理科学、运营高效、分配合理、处置合规、监管到位"的扶贫项目资产监管机制;考核整改根据资金绩效评价、考核评估和社会监督等发现的问题,及时整改并动态调整,以提升资金绩效和项目质量。

一、基于当地资源禀赋和优势发展乡村产业

民族要复兴,乡村必振兴。全面建设社会主义现代化国家,实现中华民族伟大复兴,最艰巨最繁重的任务依然在农村,最广泛最深厚的基础依然在农村,全面推进乡村振兴的广度、深度、难度和时间长度都不亚于脱贫攻坚。以河北为例,河北脱贫地区主要集中在燕山、太行山一带和黑龙港流域,是河北省的欠发达地区。62个脱贫县全部被列入省级乡村振兴重点帮扶县,90%以上的脱贫县是革命老区,90%以上的脱贫人口在革命老区,90%以上的文化生态旅游景区在革命老区。"十三五"期间,全国农民年人均可支配收入14 713元,河北省农民年人均可支配收入14 134元。预计到2025年,全国农村居民人均可支配收入将达到25 641元,年均增幅8.4%;河北省农村居民人均可支配收入将达到23 096元,年均增幅7%。

从巍巍太行山到茫茫渤海湾,从和缓起伏的坝上高原到极目千里的华北平原,燕赵自古多慷慨悲歌之士。我们的先辈们在这块土地上创造出了无数的辉煌。2020年河北省省会石家庄市被评为"中国最

忙碌的城市"。河北的区域位置处在东部,发展水平处于中部,因此发展是硬道理,政治是经济的集中表现。随着"三农"工作重心的历史性转移,在京津冀协同发展的背景下,河北如何把自然禀赋特征转化为经济发展优势,这是区域科学研究的重大课题。河北省在地理区位上蕴藏着巨大的发展潜力,不仅有环京津、环渤海这两大区位优势,在地理位置上,地处北纬38度,拥有得天独厚的自然禀赋。

北纬38度,地球的黄金分割线,在西方有"上帝青睐的地方"之说,也有"地球的金项链"之称,以其城多、景美、物丰、神秘而著称。由于受地心、地形与气候的多重影响,北纬38度区域聚集了地球强大的能量、全球最充沛的光热资源以及最丰富的各类人体所需稀有元素。这里四季分明、昼夜温差大、光照充足、地质优良,是全球最佳农作物的种植区,孕育出了许多高品质的农产品,就河北而言,阜平核桃、行唐大枣、正定鸭梨、藁城小麦、深州蜜桃、饶阳果蔬、献县金丝小枣等驰名中外,全球优质农作物种植养殖基地大多建于北纬38度区域。从河北看,北纬38度带与滹沱河流域相伴而行,相互交织在一起,南北纵深110千米,包括天津、石家庄、保定、衡水、廊坊、沧州等地全部或部分地区,海拔高度适宜农作物生长,降雨集中在七八月份的高温时段,水和热同步出现,为节水农作物生长提供了基础条件。滹沱河是省会的母亲河,全长615千米,流域面积24 664平方千米,发源于山西繁峙县泰戏山,越太行山于平山县大坪附近进入河北境内,经黄壁庄水库流入平原,向东至献县臧家桥与滏阳河汇合流入渤海,其中石家庄境内长度225千米、衡水境内长度59.6千米、沧州境内长度18.6千米,石黄高速公路沿滹沱河自西向东穿过。这里具有独特的空间区位优势,且土质优质,远离各类污染,是发展现代农业及农产品生产、加工、销售的理想区域,应成为养育河北人民的"富矿",成为发展现代农业的优势。

燕山地区包括北京、张家口、承德、秦皇岛的全部或部分地区。地处内蒙古高原与华北平原交界区域,特别是坝上地区,这里空气冷凉,年平均气温3.5摄氏度,无霜期100多天。这里风大、光照时间长,年均大风日数为55天,冬春季平均风速为4.8米/秒,一年一季风,从春刮到冬,年均日照时长为2 815小时左右,日照率达64%。

第三章 "千万工程"与乡村产业

这里冰雪资源充沛。曾被誉为"六月披裘过坝上,犹闻青山冰未消。风沙百里无人过,野草百花笑长行"。经过几代人的努力,承德将"黄沙遮天日,飞鸟无栖树"的荒沙秃岭,建成了水的源头、云的故乡、花的世界、林的海洋,创造了人间奇迹,践行了"绿水青山就是金山银山"的理念,铸就了塞罕坝精神。近几年,以张家口筹办冬奥会为契机,按照"首都水源涵养功能区和生态环境支撑区"的战略定位,利用冷凉的气候和独特的阳光、风力、冰雪等冷资源,大力发展设施绿色农业、文化旅游、新能源、大数据产业,构建零度以下特色产业体系,把劣势转化为优势,农民冬闲变冬忙,寒冬里生产增收,这对华北、东北、西北"三北"地区具有重要的借鉴意义。

太行山区位于河北省西部,北起拒马河,南至漳河,纵贯华北平原南北,连接京冀两地,包括北京、保定、石家庄、邢台、邯郸等地的全部或部分地区,面积约占河北省的1/3,地势西高东低,受山东雨影响和太行山阻挡作用,这里土壤瘠薄、生态脆弱、交通闭塞、产业落后,但其红色资源丰富。平山是我们党进京赶考的出发地,聂荣臻元帅也曾留下过"阜平不富死不瞑目"的誓言。我们血战脱贫攻坚,全面建成小康社会。南水北调中线沿太行山东麓穿过,特别是2018年底太行山高速公路全线通车,为太行山地区经济发展动能转换、产业转型升级带来新的机遇。以李保国为代表的广大科技工作者,把论文写在太行山上,再创新时代"太行山道路"。

为此,利用燕山、太行山和北纬38度带土地的属性、特征对人类及其他生命族群生存的影响,梳理和借鉴多年来开发利用的经验,用足用好大自然赐予的自然条件,发掘土地的自然品味,提升土地内在价值,尊重自然规律,建设绿色生态农业和都市农业,促进产业生态化和生态产业化,将自然禀赋特征转化成经济发展的新优势,对提升河北脱贫地区经济发展活力,推进河北经济高质量发展,促进农民增收尤为重要。

二、厘清乡村特色产业发展思路

产业化是农业现代化的支撑,没有产业化就没有农业农村现代化。每个脱贫县都要制定特色产业"十四五"规划。针对燕山、太行山、黑龙港三块脱贫集聚区的资源禀赋、特有的地理条件以及区域功能定位，按照科技、绿色、品牌、质量农业的要求，实现农村三产融合，促进脱贫地区乡村特色产业全面提质升级，由突出到村到户转向推进区域协调绿色发展。在燕山地区，建设零度以下绿色产业和生态经济区，重点发展设施特色农业、光伏、风力发电和冰雪经济，加快建设京张承体育文化旅游带，把冷资源变成热经济。在太行山地区，开发建设"一路三带"，依托太行山高速公路，建设生态文化旅游带、中医药养生产业带、山地特色农业产业带，打造县域巩固拓展脱贫攻坚成果同乡村振兴有效衔接示范区。在黑龙港流域，沿滹沱河，以石黄高速公路为主线，重点打造北纬 38 度绿色产业隆起带，承接京津产业转移，进行生产力布局。在更大范围、更高层次上，构建"多县一带""一乡一业""一村一品"的乡村特色产业 G 型发展格局。推进产业就业科技帮扶，发展壮大农村集体经济，促进农民增收，充分发挥乡村在保障农产品供给和粮食安全、生态保护、优秀文化传承等方面的特有功能，加快农业农村现代化的建设步伐。

三、发展乡村特色产业项目

（一）项目建设的重点

产业项目建设总的要求是项目不能等资金，要超前进行项目谋划并做好项目规划可行性研究报告，把小农户家庭经营与现代农业发展有机衔接，并和市场化需求有机结合起来，有效抵御市场的风险，这是特色产业项目选择的关键。一是特色产业与当地自然条件、资源禀赋相宜，接地气，切合实际，特色突出；二是市场潜力大，科技含量附加值高；三是经营主体有积极性，实力强，组织化、规模化程度高；四是农户参与程度高，通过联农带农机制，农户能够以自有土地、衔接资金等入股分红。

实施特色产业提升工程。在全省 7 746 个脱贫村培育形成的特色扶贫产业基础上，重点发展畜牧、蔬菜（食用菌）、中药材、林果、高油酸花生等 21 个特色优势产业带。实行动物（包括人）、植物、微生物"三物"循环，改善土壤，发展节水农业。推进乡村现代产业体系、生产体系、经营体系建设，立足延链补链强链，提升价值链，打造农业全产业链，建立小农户与现代农业的利益联结机制。着力推动品种调优、品质提升、品牌打造和标准化生产。大力发展"政府+科技+金融+企业+合作社+农户"的"六位一体"股份合作制经济组织。加强资源整合、政策集成，推动科技研发、加工物流、营销服务等主体加快向园区集中，以县为单位，巩固提升一批现代农业扶贫产业园、科技扶贫示范园、农业产业强镇、优势特色产业集群，打造县域巩固拓展脱贫攻坚成果同乡村振兴衔接示范区，要抓两头带中间，形成"一业一园"或"一区多园"，促进脱贫地区特色产业提档升级，形成梯次推进农业农村现代化的格局。

发展农村电商产业。要面向市场需求，着力推动产品销售。完善电商帮扶公共服务体系建设，引导农村电商、物流企业向脱贫地区乡村延伸，搭建产品销售网络渠道，支持在电商网站设置专卖窗口，举办直接带货、产品展销等销售活动。支持脱贫地区品牌农产品拓展京津外埠市场，建立长期稳定购销关系。打造电子商务进农村"互联网+流通+服务"新模式。

发展生态绿色产业。倡导"爱山如父、爱水如母、爱林如子"的生态捍卫自律意识，以生态产业化和产业生态化着力推进生态农业、生态工业、生态服务业协调发展，提升生态产品附加值。借助生物技术、生态技术和信息网络技术，推进网络型、进化型、复合型的生态产业建设，推进"碳达峰"和"碳中和"，大力发展碳汇交易，进行资源优化配置。打造"生产生活生态生命的共同体"和"田园综合体"，构建集生态保育、食物保障、原料供给、旅游休闲、养生养老、文化传统、就业增收于一体的新业态，提升产业质量效益和竞争力，拓展脱贫群众增收空间。

发展乡村旅游产业。加快旅游路、生态路、资源路建设，推动乡村旅游发展上水平提档次。扎实推进乡村旅游重点村镇建设，推广红色旅游，支持革命老区立足红色文化、民族文化和绿色生态资源，打造革命老区红色旅游精品线路。打造一批美丽休闲乡村、国家森林康养基地和精品生态旅游目的地。加强国家文化生态试验区、特色农副产品生产基地建设，挖掘农村非物质文化遗产资源，打造一批乡土文化旅游品牌，带动农副产品销售和传统手工业发展，促进农民增收。

（二）项目库建设

优化项目入库程序，坚持群众参与，充分吸收群众意见，切实增强群众获得感。到村到户项目，坚持"乡村申报、乡镇审核、县级审定"的入库程序。

乡村申报。村"两委"、驻村工作队和包村干部在认真分析本村村情、资源禀赋、资金保障及巩固拓展脱贫攻坚成果和衔接乡村振兴需求的基础上，组织召开村"两委"会或村民代表大会，提出立项意见，确定村级申报项目，在村内公示10天，如无异议，报乡镇人民政府审核。

乡镇审核。乡镇人民政府对村申报项目的真实性、合规性、必要性、可行性以及项目内容等进行审核，审核后在乡镇公示10天，如无异议后，报县级乡村振兴部门汇总。

县级审定。县级乡村振兴部门对乡镇人民政府报送的项目是否属于巩固拓展脱贫攻坚成果和衔接推进乡村振兴项目进行审核并出具意见。县级相关行业部门按照部门职能，对项目科学性、合规性、必要性、可行性及预估成果等进行论证并出具意见，对于技术复杂、政策性强或涉及法律问题的，可组织多部门或专家论证。县（市、区）巩固拓展脱贫攻坚成果领导小组负责本县项目库的审定。内容不全的项目、与巩固拓展脱贫攻坚成果和衔接推进乡村振兴无关的项目、违法违规的项目、盲目提高标准的项目、搞形象工程的项目等，一律不得纳入项目库。项目审定后进行公示，公示期不少于10天。如无异议，符合条件的项目将被纳入项目库并在政府门户网站长期公告。对于跨区域、规模化项目，也可由乡镇或行业部门提出，在充分征求相关乡村意见的基础上，履行"县级审定"程序后入库。

（三）项目实施

要健全项目推进机制，形成储备一批、开工一批、在建一批、竣工一批的良性循环，明确项目实施各个环节的主体责任和时间节点，基本流程是，政府→乡村振兴局→可研立项→完成入库→农投公司→招投标→开工建设→竣工验收→公开公示。政府提前编制项目实施方案，县级行业部门和农投公司根据项目实施方案，组织项目实施主体的招投标、施工管理、工程竣工验收、委托工程结算审计和序时资金拨付，不拖欠企业工程款和农民工工资，对项目的施工进度进行全过程监督调度，保证项目的施工效率和工程质量，同时，做好公开公示。各县（市、区）要探索建立财政衔接资金项目操作规程。

四、加强财政衔接资金的监督和管理

（一）预算

省市县三级每个年度预算安排财政衔接资金，国家要求各省财政衔接资金预算增幅要高于或等于中央衔接资金分配到省的资金增幅。

（二）投向

中央和省级财政衔接资金管理办法都对衔接资金使用方向进行了明确，即用于支持巩固拓展脱贫攻坚成果和衔接推进乡村振兴项目，包括健全防止返贫致贫监测和帮扶机制、"十三五"易地扶贫搬迁后续扶持、脱贫劳动力（含监测帮扶对象）稳定就业、培育和壮大特色优势产业、补齐必要的农村人居环境整治和小型公益性基础设施建设短板等。主要方式为投资、奖补和以工代赈。如果方向搞错了，就会陷入"盲人骑瞎马、半夜临深池"的危险境地。根据财政部《关于下达2021年中央财政衔接推进乡村振兴补助资金预算的通知》要求，衔接资金各项任务要将产业发展作为支持重点，每年全省用于产业发展的资金规模占比原则上不得低于下达资金总规模的50%，且不得低于上年用于产业发展的资金占比。对照国家要求，省级衔接资金用于产业发展的资金规模占比原则上也不得低于到县省级资金的50%，且每年要提升5%，中央和省级衔接资金2025年要达到70%。这些要求已在资金绩效评价办法中予以明确。中央和省均建立了财政衔接资金的负面清单，要求衔接资金不得用于与巩固拓展脱贫攻坚成果和推进欠发达地区乡村振兴无关的事项，包括单位基本支出、交通工具及通信设备、修建楼堂馆所、各种奖金津贴和福利补助、偿还企业债务、垫资和回购资产等。

（三）资金项目安排

基层干部在使用衔接资金时把握不准，感觉哪都可以用，却又无从下手，项目需不需要联农带农，如何建立利益联结机制，这些问题始终困扰着基层干部。要解决这个问题，必须把握好实现巩固拓展脱贫攻坚成果同衔接乡村振兴之间的关系。既要守住不发生规模性返贫的底线，又要始终贯穿巩固、拓展和衔接这条主线。"巩固"主要是进一步做好防止返贫动态监测和帮扶，强化监测预警，坚决守住不发生规模性返贫底线，夯实全面推进乡村振兴的基石，保持主要帮扶政策稳定，该优化的优化，该延续的延续，该调整的调整，强化帮扶救助，确保基本生活不出问题。"拓展"就是进入全面推进乡村振兴阶段，工作对象从农村贫困人口拓展到所有农村人口，工作地域从脱贫地区农村拓展到所有地区农村，工作内容从解决"两不愁三保障"拓展到推进乡村产业、人才、文化、生态、组织振兴。"衔接"就是领导体制、工作体系、规划实施和项目建设、考核机制等有效衔接。打脱贫攻坚战的时候，扶贫资金要与建档立卡结果相衔接，与脱贫成效挂钩，发展特色产业的扶贫资金必须用于建档立卡贫困户，而且要建立利益联结机制，带动贫困户稳定增收，特别是要短期内增加贫困户收入，超过脱贫标准。从这几年河北省各地发展特色产业的方式看，主要是入股分红和资产收益，资金投入分别达到 109.3 亿元和 175.5 亿元，占脱贫攻坚期特色产业资金投入总量的 33.9% 和 54.4%。而衔接资金在使用上更加宽泛和灵活，更加注重培育和壮大当地特色优势产业。各地要围绕当地特色优势产业来培育打造，提升县域经济发展活力，提升一二三产业融合发展水平，从而带动当地群众（不局限于脱贫群众）就近就地就业或发展特色产业，脱贫攻坚期采取的入股龙头企业或资产收益方式要相应做一些调整。当然，衔接资金的首要用途还是巩固脱贫攻坚成果，确保脱贫人口不出现规模性返贫，所以项目还是要采取联农带农机制。要做到两者兼顾，优先保障脱贫人口收入持续稳定，同时大力培育发展特色优势产业。

（四）资金拨付

项目已开工的，衔接资金按照工程项目的 30% 进行拨付，确保每年6月底和10月底达到序时进度要求,年终资金拨付率达到100%,包括项目3%的质保金。坝上地区无霜期短,既要确保项目的开工率和完工率,又要确保资金的序时拨付率和安排率,不能造成资金闲置。资金拨付进度整体上要跟上序时进度要求,优先拨付中央和省级资金,然后再拨付市级和县级资金。

五、加强扶贫资产后续监督和管理

2021年7月12日,河北省人民政府办公厅印发了《河北省扶贫项目资产后续管理办法》(以下简称《办法》),对党的十八大以来形成的扶贫项目资产确权登记、运营管护、收益分配使用、资产处置、监督管理等,进一步作出了新的明确规定。

(一)三类资产,摸清底数

《办法》规定,党的十八大以来,使用各级财政资金、地方政府债券资金、东西部协作、社会捐赠和对口帮扶等投入形成的扶贫项目资产都要摸清底数,包括实物性固定资产、入股分红等权益性资产和多年生生物性资产。扶贫项目资产按经营性资产、公益性资产和到户类资产进行管理,要建立统计台账,做到资金清、项目清、资产清、收益清。

经营性资产主要是具有经营性质的产业就业类项目固定资产及权益性资产等,包括农业生产设施、乡村旅游设施、建筑物、光伏扶贫电站、扶贫车间、机器设备等固定资产,以及资产收益扶贫、入股分红等项目形成的权益性资产等。公益性资产主要是公益性基础设施、公共服务类固定资产等,包括道路交通、农田水利、农村饮水、教育、科技、文化、体育、卫生、电力等方面公益性基础设施和公共服务类资产。到户类资产主要是通过财政补助(补贴)等形式帮助贫困户发展形成的生物性资产或固定资产等。

(二)四权分置,建立管理机制

扶贫项目资产要明晰所有权,放活经营权,确保收益权,落实监管权。

明晰所有权。巩固农村集体产权制度改革成果,按照"谁主管、谁负责"的原则，稳妥推进符合条件的扶贫项目资产确权登记，做好资产移交，并纳入相关管理体系。县乡村实施的单独到村项目形成的经营性资产，产权归属村集体经济组织。县乡两级跨乡村组织实施的项目形成的经营性资产以及产权不明晰的经营性资产，由县级政府按项目实际情况，确定产权归属。原则上权属确认到村集体经济组织，确权扶贫项目资产纳入农村"三资"管理，并按照农村集体产权制度改革要求有序推进股份合作制改革。

放活经营权。根据扶贫项目资产特点，明确产权主体管护责任，探索多形式、多层次、多样化的管护模式。对经营性资产，要加强运营管理，完善运营方案，确定运营主体、经营方式和期限，明确运营各方权利义务，做好风险防控。对于产权属于村集体的扶贫项目资产，根据资产性质分类管护：对管护能力要求较低的扶贫项目资产，村集体经济组织（无村集体经济组织的由村"两委"落实）要落实具体责任人，可通过调整优化现有公益岗位等方式解决管护力量不足问题，优先聘请符合条件的脱贫人口参与管护；对光伏扶贫电站、农村饮水工程等专业性较强的扶贫项目资产，可通过购买服务方式，委托第三方机构管护；对投资入股经营主体形成的经营性资产，由对应的经营主体负责运营管护。村集体经济组织（无村集体经济组织的由村"两委"落实）要与其签订协议，明确各自权利责任，并落实相关责任人跟踪监测运营管护情况，采集并保存管护跟踪信息。

确保收益权。发挥扶贫项目资产的帮扶作用，经营性资产收益分配按照现行资产管理制度实施。对制度未予明确的，应通过决策程序提出具体分配方案，体现精准和差异化扶持，并履行相应审批程序，分配方案和分配结果要及时公开。设置公益岗，进行分配。扶贫项目资产收益严禁采用简单发钱发物"一分了之"的做法进行分配。属于村集体的资产收益，要通过设置一定条件，鼓励采取参加村内项目建设和发展等劳动增收方式进行分配，激发群众内生动力。乡镇农经站（三资办）要按序时及时拨付资金。

落实监管权。县级政府要对本县域扶贫项目资产后续管理履行主体责任，结合实际制定本地的扶贫项目资产管理制度或细则，做好扶贫项目资产登记与农村集体资产清产核资工作的有效衔接，明确相关部门、乡镇政府管理责任清单。乡镇政府要加强扶贫项目资产后续运营的日常监管。对确权到村集体的扶贫项目资产，村级组织要担负起监管责任。各级乡村振兴、农业农村、财政、水利、发展改革、教育、自然资源、交通运输、住房城乡建设、卫生健康、文化旅游、林业草原等主管部门要按照职责分工，履行行业监管职责，加强政策支持，统筹协调推进扶贫项目资产管理，组织研究解决扶贫项目资产管理中的具体问题，指导扶贫项目资产的登记、确权、运营、管护、收益分配、绩效管理、信息化管理等相关工作。乡村振兴部门要发挥好统筹协调作用。

（三）保值增值，不能闲置浪费

任何单位和个人不得随意处置国有和村集体扶贫项目资产。确需处置的，应严格按照国有资产、集体资产管理有关规定，履行相应审批手续进行规范处置。对扶贫项目资产进行拍卖、转让的，需依法开展资产评估，评估结果需在县级政府网站、公开栏予以公示。属于村集体的扶贫项目资产处置收入归村集体所有，按照村集体收入依法进行管理、使用，应重新安排用于巩固拓展脱贫攻坚成果和乡村振兴。

六、完善资金绩效评价和整改提升

（1）资金绩效评价的主要指标。根据财政部、国家乡村振兴局等六部委资金绩效评价办法，资金绩效评价主要围绕资金保障、项目管理和使用成效三类内容。资金保障评价内容主要包括：资金投入情况、预算执行到位情况、中央衔接资金拨付进度和用于产业比例等；项目管理评价内容主要包括：项目库建设管理情况、项目绩效管理情况、信息公开和公告公示制度落实情况、跟踪督促及发现问题整改情况等；使用成效评价内容主要包括：有序推进项目实施等工作情况、资金结转结余情况、巩固拓展脱贫攻坚成果情况、资金使用效益、统筹整合工作成效等。要坚持实事求是，坚决防止弄虚作假问题的发生。

（2）问题整改。要把整改工作作为重中之重，坚持"四不放过"，即问题不查清不放过、整改不到位不放过、成效不符合上级要求不放过、群众对整改不满意不放过,要根据发现的问题,制定整改方案,绘制整改"时间表""路线图",对各类问题,逐一建立责任清单、进度清单、效果清单,实行"一账(问题整改台账)、一书(整改督办通知书)、一表(整改工作进度表)、一挂钩(整改与考核挂钩)"制度,实行台账管理、督办落实、办结销号,确保事事有回音、件件有着落,全面提升整改工作质量。

(3)追责问责。坚持"花钱必问效、无效必问责",加强对衔接资金和扶贫项目资产后续管理情况的纪律监督、审计监督、行业监督和社会监督等。发挥驻村工作队、村务监督委员会、村集体经济组织监事会等监督作用。充分尊重农民意愿,切实保障受益群众对资金使用和扶贫项目资产管理的知情权、参与权、监督权。严格落实公告公示制度,及时公布扶贫项目资产运营、收益分配、处置等情况。对贪占挪用、违规处置扶贫项目资产及收益等各类行为,依法依纪严肃追究责任,涉嫌构成犯罪的,移交司法机关依法追究刑事责任。

第三节 推进特色产业模式经营主体的培育

一、鼓励多元化融合主体发展

加快特色产业发展,推进三产融合,实现产业兴旺,离不开多元主体的能动性,要大力培育特色产业三产融合发展的主力军,继续扶持农业扶贫产业园综合体、农业龙头企业,发展各类股份合作制经济组织、农业产业化联合体、新型农业社会化服务组织、新业态企业组织,培育家庭农场、农民专业合作社、创业致富带头人等12类带动主体。首先,中国传统农业的发展主要依靠农户的艰辛劳作,将劳动型农民打造成"懂技术、会管理、能掌握先进农业技术"的职业农民是发展新型经营主体的首要任务。首先要转变传统的思想观念,适应市场经济环境。不拘泥农户经营、集镇贸易的小市场,培养创新能力和竞争意识,正确面对市场竞争的挑战,抓住经济发展的机遇,转换生产方式,更新经营理念。其次要转变单打独斗的散户思想,转向规模化、标准化经营。农业生产客观上要求因时制宜、因地制宜,经营

第三章 "千万工程"与乡村产业

灵活、组织多样，单个农户难以抵御来自自然、市场、国内外经济环境变化以及疫情等突发事件带来的冲击，存在着缺乏市场开拓、品牌研发、营销突破、融资通畅、劳动力资源合理配置、节约，以及无力组织生态环境保护等问题。通过将零散的农户以农民合作社、农业企业等形式组织起来，形成规模经济，促进适度规模化发展。其次，农民合作社具有组织农业技术信息宣传、农业生产指导服务的低成本优势，与广大农民具有直接利益关系，是推动一二三产业融合的重要主体。因此，要积极支持农民合作社发展壮大。一是完善农民合作社运行机制，科学评估、合理分配农民合作社交易盈余，保证农民合作社的决策权与资产所有权的同一性，在重大决定中充分体现民主管理，同时兼顾农民合作社运营管理的灵活性以适应市场。二是壮大农民合作社经营实力，抓住优势产业，培育面向消费者的特色品牌，拓展业务，争取覆盖相应农产品的育种、种植、田间管理、仓储、运输、加工和销售整个流程。再次，要引导农民合作社联合发展机制，鼓励同质或相关的农民合作社积极沟通整合，在保证一定竞争的前提下实现规模效益，扩大农民合作社的经济技术实力。最后，要强化农业龙头企业的行业核心地位，发挥新型农业社会化服务组织的支撑作用。一要推广农业龙头企业的先进技术和先进的思想观念。支持农业龙头企业增强科技创新能力，采用智能制造技术生产加工，协同、智能、精准控制，实施仓储冷链信息化管理，注重加工废弃物和副产物处理技术及装备等领域的创新，利用微生物处理等技术实现企业生态绿色管理。二要发展新型农业社会化服务组织，农民对农业社会化服务的需求在产前、产中、产后各不相同：产前统一购买农资农药，产中提供农机服务，产后提供农产品加工、运输、储存、畜禽屠宰服务，为农户提供全面的气象、价格、政策等信息。

二、支持主体创新化突破

特色产业的融合发展离不开主体的主动创新，主体要改变传统思路，充分发挥主观能动性，在现有的基础上研究与突破。对主体而言，可以从三个方面进行创新。

首先，宣传方式的引领创新。农业作为基础产业发展历史源远流长,但是为司空见惯的农产品,又最容易为人们所忽视,缺乏关注度。因此,有必要进行农业信息化宣传方式的变革。一是多渠道应用自媒体平台。通过政府网站、企业微信公众号、微博等平台发布产品价格信息,及时向消费者展示生产过程中的产品状态;通过抖音、快手等短视频平台发布农产品展示视频,以更直观有效的方式向市场展示农产品质量,传递价格信息;通过与淘宝、拼多多等电商平台合作上线农产品,在平台流量支持的前提下,将商品推送给消费者,获得大量曝光。二是抓住社会热点和亮点。网络消息的即时性和快速性是全新的发展机遇,与热点相结合的新闻与话题被各大媒体公众号、网站转载,受到社会的高度关注。三是符合政策舆论引导。宣传扩大影响力要合理使用宣传平台,符合国家核心价值观要求。家庭农场、农民合作社、农业龙头企业和股份合作制经济组织等主体要切实了解党和国家推进农村三产融合的方针政策,遵从政策要求自觉开展行动,学习和借鉴政府等官方平台推荐的已取得成功经验的先进典型案例。

其次,科技应用的集成创新。2020年,我国农业科技进步贡献率突破60%,科技创新成果得到推广和应用。一是支持农业与信息化产业应用创新。互联网、大数据、人工智能、云计算等技术助力智慧农业的发展,实现信息感知、定量决策、智能控制、精准投入、个性化服务,在农业生产、田间管理、市场销售全过程实现可视化、无人化、机械化。建设大数据中心和智慧指挥中心,打造现代数字农业农机科技示范样板。二是支持新材料、新产品、新技术在生产过程中的应用创新。政府和企业对选种、家禽选苗、选药等活动设置试错范围,允许有创造力的农户优先尝试新品种,奖励创新性成果,由政企承担部分试错成本。将培育的良种、良苗、良药、良技在得到较稳定的成果后再继续大范围推广使用。

最后,服务模式的扩大创新。增强县及县级以下的创新能力,学习科学的管理技术,提升专业的服务水平,供给多样化的产品和服务是特色产业三产融合发展的核心。一是创新农业服务方式。精细化的市场需求、科技化的市场水平都在要求农业服务方式的变革。生产农产品要品质过关,可以在收获季安排采摘活动,满足城市消费者体验乡村生活的需求。此外,农产品销售还需要品牌化、商业化,通过电

第三章 "千万工程"与乡村产业

商平台、视频软件开通直播服务,消除消费者对产品直观感受的空间障碍。二是创新农业服务体系。在生产领域完善农业生产托管服务,帮助农民解决"干不了、干不好、干不经济"的问题;在加工领域完善产品包装、供销一体化服务,精准对接市场需求;在销售领域,完善差异化需求服务,多平台、多渠道、多思路塑造农产品品牌。另外,开展农业休闲旅游服务,推进产业融合。

三、加快培育新型产业融合主体

加快培育新型产业融合主体,需要鼓励引领多元化一体融合主体发展,激发主体的能动性,大力培育农村三产融合发展的主力军,培育家庭农场、农民合作社、新型经营农户等,扶持农业龙头企业、农业产业化联合体、农业社会化服务组织,大力发展各类股份合作制经济组织和新业态组织;需要支持主体创新化突破,改变传统思路,充分发挥主体的主观能动性,在宣传方式、科技应用、场景运用、服务模式等方面改革突破;需要引导社会人力资本投入,解决相关融合主体知识和技能缺乏的问题,根据地方实际条件和特点做好培训,加大农村实用人才培育和资金投入力度,优化现有的支持政策,积极建设产业培训基地,搭建人才培育平台。加快打造特色产业创新升级,需要加强农村基础设施建设,农村基础设施条件对农业经济增长的影响至关重要,是农业资本的重要组成部分,要扩大公共服务范畴,补足农村产业设施的短板,完善信息化服务平台;需要开发利用产业的多功能性,以自然、人文为发展基础,横向融合产业共通部分,纵向延伸产业发展链条,找到特色产业间发展的更多结合点和贯通之处,通过融合多种产业发展形式,升级融合消费体验,缩小城乡休闲农业发展差距,发掘农业的非遗传统功能;需要发挥农业龙头企业示范引领作用,农业龙头企业立足于农村资源优势和产业基础,在产品品质、产业基地、科研攻关等方面具有示范效应,可通过加强企业自身建设和提高、促进农业龙头企业合作、发挥区位优势来充分发挥农业龙头企业示范引领作用。加快推进产业机制改革发展,需要推进农村集体产权制度改革,进一步深化制度改革,推进三产融合,可以从以下几个方面入手:将特色产业制度优势经验转化为治理效能,发挥制度改革的外部性，开展配套改革，形成农村综合改革联动效应；需要深化三产融合的利益联结机制，农民通过按股分红、按交易额返利、产品高附加值等方式获得更高的收入，改变过去农民处于利益分配机制末端的被动局面，积极尝试发展订单农业，提高农户合作效率，鼓励以股份合作制形式，科学发展利益联结机制，有效防范化解风险；需要加大财政政策支持力度，在农村一二三产业融合发展的过程中，产生了新业态、新模式，因而需要制定相关税费政策，加强农村金融体系创新力度，完善政策性农业保险制度的财政政策创新性支持。

四、引导社会的人力资本投入

推进特色产业一二三产业融合发展，对农户、家庭农场、农民合作社、农业企业等主体来说，需要解决相关多元主体（尤其是农户和农民合作社）知识、资金和技能缺乏的问题，引导社会资本加强引导培训，政府要提供人才政策支持，积极建设产业培训基地，搭建人才培育平台。

首先，根据地方实际条件和特点，开展有针对性的培训。一是开展县乡党委政府干部培训。要切实下接地气，结合本县本乡农村的产业基础、资源特点、文化积淀、生态环境、区位条件等，厘清当地产业融合的可能连接点，并通过借鉴已成功的典型案例，开展有针对性的培训。二是邀请科研院校专家以座谈、讲座、研讨会的形式开展系统性培训。政府委托高等院校、科研院所以及相关的职业技术学院，从育种、种植、收获、加工、销售等全产业链的不同角度开展培训。高等院校和高职高专院校专业门类较为齐全，师资力量较强，具备有利条件。三是邀请当地农业领头人开展培训。邀请全国性农村"两委"负责人、农民合作社带头人、创业致富带头人、大学生村官、农业龙头企业管理者分享自身的经历和心得，对农村一二三产业融合带头人和骨干人员加强指导，增进与农村当地农民的互动性，调动其积极性。

其次，优化现有的支持政策，加大农村实用人才培育投入力度。一是优化人才发现与评价机制。遵循农村人才的成长规律和特征，建立合适的评价标准，通过实践检验人才，以业绩、品德、知识、能力、贡献作为评价指标选拔人才。成立人才发展基金，对创新项目成果进行政策奖励，从企业、院校、科研机构等处引进人才，打通人才向农村、基层一线流动的通道。二是对返乡创业农民工进行政策和资金鼓励，把其在城市中逐渐积累的资金储备和市场观念、行业技术、管理方法带回家乡，鼓励其从事非农产业、创办工商企业，从而自发推动当地农村三产融合发展。政府在工商登记、资金、技术、劳动力、税费、创业培训、人员招聘、土地使用等方面给予优惠，为返乡创业的农民提供优惠的待遇。

最后，积极建设产业实训基地，搭建人才培育平台。坚持多渠道充分发挥人才的"传、帮、带"作用。一是成立产业实训示范点，以政府资金为引导，吸引更多社会资本投入，通过市场化运作和专业化管理，加大对融合发展先导区的人才投入力度，充分发挥政府资金和示范点的引导作用和放大效应。二是建立人才"传、帮、带"机制，组织经验人才分享交流活动，在乡村人际关系纽带的基础上，带动村民学习新技能，体验新技术，前往创新示范实训基地参观学习。通过多种培训方式，建立稳定的人才交流机制，发展良好的村际关系，开拓农民的眼界和视野，启发开展农村三产融合的思路，切实推进主体尝试和开展产业融合的新业务。三是健全乡村高学历人才平台，开展成人教育，与农业类高校合作，创建农业创新科技驿站，邀请拥有实践经验的知名专家，帮助农户解决实操过程中遇到的生产问题，指导农户整合农村资源资产资金，实施资本化运作，拓宽产业链条。

第四节 打造特色产业模式创新升级版

为进一步优化省级财政衔接推进乡村振兴补助资金投入方式，提高衔接资金使用效益，支持县级巩固拓展脱贫攻坚成果同乡村振兴有效衔接示范区建设（以下简称"衔接示范区"）成为开展"百县千乡万村"乡村振兴示范创建的载体和抓手。

一、支持县级有效衔接示范区建设

衔接示范区是指在县域范围内，以乡村振兴巩固拓展脱贫攻坚成果，从解决建档立卡贫困人口"两不愁三保障"转向实现乡村产业兴旺、生态宜居、乡风文明、治理有效、生活富裕，打造巩固拓展脱贫攻坚成果的样板、产业项目联农带农的样板、资金资产高效使用的样板、三产融合发展的样板、部门协调联动的样板，在切实守住不发生规模性返贫底线的基础上，全面推进乡村振兴。

（一）衔接示范区建设的原则

贯彻创新、协调、绿色、开放、共享的新发展理念，防止两极分化，促进共同富裕。

坚持集中连片，突出重点。支持在地理区域相连、自然条件相似、社会特征相近、发展基础相通、人文环境相融的若干毗邻乡村构成的集中连片区域，优先支持特色主导产业（扶贫产业园、易地搬迁集中安置区）突出、联农带农机制紧密、基础设施相对完善的区域。

坚持因地制宜，形成合力。准确把握乡村发展规律，立足当前发展阶段，坚持尽力而为、量力而行，科学谋划衔接示范区建设项目。搭建资源共享、系统集成、互补衔接的项目平台，由资金到村到户转向推进一二三产业融合发展。

坚持党建引领，群众参与。充分发挥基层党组织战斗堡垒作用和党员先锋模范作用，组织动员群众参与衔接示范区建设，尊重群众意愿，听取群众意见，维护群众利益，建立健全共建共享机制，充分调动农民参与衔接示范区建设的积极性、主动性和创造性。

坚持示范带动，辐射全域。充分发挥衔接示范区引领作用，培育扶持新型经营主体，建立健全县域产业联农带农、城乡融合发展、部门合力推进、社会和金融资本引入等体制机制，由政府投入为主转向有效市场和有为政府更好结合，以点带面，推动县域乡村振兴示范创建。

（二）衔接示范区建设的标准

功能定位准确。围绕有基础、有优势、有特色、有规模、有潜力的乡村，按照特色产业化、三产融合化、城乡融合一体化的发展路径，以10个以上行政村成方连片的特色片区为开发单元，全域统筹开发，突出以特色产业为基础的产业整合、辐射带动等主体功能，衔

第三章 "千万工程"与乡村产业

接示范区面积一般不低于5 000亩,其中核心区不低于规划面积的20%。明确农村集体经济组织在建设衔接示范区中的功能定位,充分发挥其在开发集体资源、发展集体经济、服务防返贫对象等方面的作用。衔接示范区经过专家论证,可纳入当地经济社会发展规划。

基础条件较优。区域范围内农业基础设施较为完备,农村特色产业基础较好,区位条件优越,核心区集中连片,发展潜力较大;自筹资金和社会资金投入较大且有持续投入能力,积极引入先进生产要素和资本,发展思路清晰;适度规模经营显著,农民合作组织健全,龙头企业带动力强。

生态环境良好。落实绿色发展理念,保留青山绿水,积极推进山水林田湖整体保护、综合治理,践行"望得见山、看得见水、记得住乡愁"的生产生活方式,农业清洁生产基础好,农业环境突出问题得到有效治理。

政策措施有力。县级政府积极性高,在用地保障、财政扶持、金融服务、科技创新应用、人才支撑等方面有明确举措。建设主体清晰,管理方式创新,搭建政府引导、市场主导的建设格局。积极在三产融合用地保障、资金项目资产监督管理和投融资运行机制等方面进行积极探索,为特色产业发展和衔接示范区建设提供条件。

投资机制明确。积极创新财政投入使用方式,探索政府和社会资本合作,综合考虑运用先建后补、贴息、以奖代补、担保补贴、风险补偿金等,撬动金融和社会资本投向衔接示范区建设。鼓励各类金融机构加大金融支持衔接示范区建设力度,探索产业链融资、园区融资、防贫保险等模式,积极统筹各渠道整合资金支持衔接示范区建设。严控政府债务风险和村级组织债务风险,不新增债务负担。

运行管理顺畅。根据当地特色主导产业规划和新型经营主体发展培育水平,因地制宜探索衔接示范区建设模式和运营管理模式。可采取政府投融资平台、村集体经济组织、龙头企业、农民合作社和农户共同参与建设衔接示范区的方式,盘活存量资源,调动各方积极性,激发内生动力。

联农带农作用显著。以政府投融资平台、村集体经济组织、龙头企业、农民合作社为主要载体,组织引导农民参与建设管理,保障农民的参与权和受益权。通过财政衔接资金股权量化、农村资源资产股份量化、构建股份合作制等模式，发展壮大农村集体经济，创新农民利益共享机制，让农民分享产业增值收益。

防止返贫机制有效。对脱贫人口实行监测全覆盖，对脱贫不稳定户、边缘易致贫户和突发困难户以及农村低收入口开展靶向治疗，精准帮扶，多措并举，动态管理，落实各类防贫综合性保障措施，确保"两不愁三保障"及饮水安全成果持续巩固。

（三）衔接示范区建设申报和评定

报送衔接示范区建设申报书，应具备以下要素。

（1）基本情况。县级区域内（包括建设地点所在地乡镇和行政村）农业农村经济和社会发展现状、农业基础设施、特色主导产业发展现状、开展建设衔接示范区的必要性和重要性等。

（2）衔接示范区概况。包括衔接示范区建设地点、区域面积、时间、建设领导小组情况、主要技术支持与合作单位、特色主导产业（产品）、企业（拟参与投资与运营）与农户（含脱贫户、防贫监测户）等方面的总体情况。

（3）目标任务。目标任务应包括：衔接示范区单位面积产值处于全省先进水平，延长产业链，提升价值链，农民人均收入增速高于全县农民平均收入增速，脱贫人口人均收入增速高于全省农民人均收入增速，有较强的示范带动作用。

（4）主要建设内容。衔接示范区支撑体系建设任务，包括功能板块、项目布局、发展重点等，附规划图。年度实施方案中还应明确年度项目类型、项目名称、建设内容、绩效目标、建设时限、建设地点、实施主体、资金来源和生产类、生活类、生态类项目资金占比。

（5）建设、管理和运行体制机制。包括衔接示范区建设运行管理机构和运行机制，政府投融资平台、村集体经济组织、龙头企业、农民合作社与农户的利益联结机制等。

（6）投资估算与资金筹措。总投资及分年度投资需求估算、省级衔接资金安排用于衔接示范区发展项目的资金规模比例，统筹整合其他渠道财政资金的来源及建设内容，社会和金融资本的来源及建设内容等。

(7) 经济、社会和生态效益分析。

(8) 资源环境影响评估分析。重点分析区域内水资源供需平衡及水质、生态环境影响。

(9) 政策保障措施。申报书中除重点说明保障项目建设顺利进行的各项措施外，还应专门说明保障衔接示范区"姓农为农"、与市场对接、可持续经营载体、保护农民利益、保护生态环境等方面的措施。

申报时，分年度建设内容、目标任务和投资估算附表说明，衔接示范区项目纳入县级巩固拓展脱贫攻坚成果和乡村振兴项目库，县乡村公告公示。

申报评定程序是县级申报→市级推荐→省级评审→确定对象→拨付资金→公告公示→绩效评估。采取先支持后认定的方式，"抓两头、促中间"，确定支持的衔接示范区。重点帮扶县每县支持5 000万元，非重点帮扶县每县支持1 000万元，在省级衔接资金预算中列支。

(四) 衔接示范区建设资金项目资产管理。

资金管理。严格按照《河北省财政衔接推进乡村振兴补助资金管理办法》使用管理衔接资金，重点支持特色产业补上技术、设施、营销等短板，支持带动脱贫人口增收的龙头企业、农民合作社发展，促进产业提档升级；补齐必要的农村人居环境整治和小型公益性基础设施短板。县级政府要根据项目建设类型，多渠道筹措相关资金，充分保障衔接示范区建设需求。探索建立衔接示范区财政衔接资金项目操作规程，严格管理负面清单。

项目管理。严格按照《河北省巩固拓展脱贫攻坚成果领导小组办公室关于做好县级巩固拓展脱贫攻坚成果和乡村振兴项目库建设管理的通知》要求，优化项目入库程序，健全项目推进机制，形成储备一批、开工一批、在建一批、竣工一批的良性循环，明确项目实施各个环节的主体责任和时间节点，提前编制年度项目实施方案，积极组织项目实施主体的招投标、施工管理、工程竣工验收、委托工程结算审计和序时资金拨付，严禁拖欠企业工程款和农民工工资，对项目的形象进度进行全过程监管,保证项目的施工效率和工程质量。

资产管理。参照《河北省扶贫项目资产后续管理办法》,及时将衔接示范区的资产量化移交到村集体,完善资产后续运营监管机制,实现经营性资产收益持续稳定、公益性资产管护到位,防止资产闲置浪费,确保经营性资产保值增值,统筹用好乡村公益岗位,实行动态管理。

(五)衔接示范区建设绩效评估

严格执行《河北省衔接推进乡村振兴补助资金绩效评价及考核办法》,将衔接示范区衔接资金绩效纳入全省年度财政衔接推进乡村振兴补助资金绩效评价范围,与年度资金绩效评价一并实施。

1. 评估方法

衔接示范区绩效评估采取实地调查与平时了解相结合、客观实效与群众评议相结合、定量分析与定性分析相结合、自我评估和第三方评估相结合的方式,由省乡村振兴局和省财政厅共同负责,制定《衔接示范区衔接资金评估指标体系》,成立评估工作组,具体组织实施,省乡村振兴局承担日常工作。

2. 评估内容

(1) 支持项目绩效目标实现情况。主要包括省级衔接资金补助支持项目的过程管理、产出效益、资产管理等情况。

(2) 全面推进衔接示范区建设情况。主要包括衔接示范区建设筹划决策、组织实施、总体进展、建设成效及支持保障情况。

(3) 衔接示范区经验成果。主要包括衔接示范区建设整体满意度、取得的重要成果和探索形成的经验模式。

3. 评估程序

衔接示范区建设情况评估每年开展一次,原则上年初确定评估对象,年中调度,年底启动,翌年1月底前结束。

(1) 监测调度。市级乡村振兴、财政部门及时向省乡村振兴局、省财政厅汇报衔接示范区建设情况,年中提交阶段性进展报告。省乡村振兴局会同省财政厅充分运用信息化手段,对衔接示范区建设开

第三章　"千万工程"与乡村产业

展日常监测、组织调研、调度工作进展，全面了解掌握情况，为开展评估提供重要参考。

（2）自评总结。市乡村振兴局、市财政局指导衔接示范区所在地县级政府对照评估指标和内容开展建设成效自评，形成自评报告报送省乡村振兴局、省财政厅。

（3）实地评估。评估工作组委托第三方机构成立实地评估小组，采取查阅资料、听取介绍、座谈访谈、入户调查、现场核验等方式，在各地自评基础上开展第三方评估，形成实地评估报告。

（4）综合评议。评估工作组根据实地评估报告，结合平时掌握情况、自评报告等进行综合评议。提出评估结果建议报省乡村振兴局、省财政厅审定。评估结果分为 A、B、C、D 四个等次。得分在 90 分（含）以上的为 A，80 分（含）至 90 分的为 B，60 分（含）至 80 分为 C，60 分以下为 D。省乡村振兴局、省财政厅每年向相关市级政府通报年度评估结果，对评估结果为 B（含 B）以上的衔接示范区安排后续绩效奖励资金，同时，评估结果与下年度支持相关市建设衔接示范区数量挂钩。鼓励各地结合实际制定完善相关激励机制，加大评估结果运用力度，推动衔接示范区可持续建设、高质量发展。

（5）终期评估。衔接示范区建设实施完成后，开展终期评估，达到建设标准后，分级创建一批乡村振兴示范乡镇、示范村，终期评估合格的衔接示范区，由省乡村振兴局、省财政厅联合发文确认公示，挂牌表彰。

2022 年 7 月 14 日，农业农村部、国家乡村振兴局印发《关于开展 2022 年"百县千乡万村"乡村振兴示范创建的通知》，明确了东、中、西部示范县、示范乡镇、示范村的创建标准、创建程序、评审方式等，对创建方案提出了目标数量、工作要求等，为衔接示范区终期评估提供了依据。

（六）加强衔接示范区建设的组织领导

强化组织保障。衔接示范区监督管理工作纳入县级党委和政府的重要议事日程，县级政府承担衔接示范区建设的主体责任，成立衔接示范区建设领导小组及办公室，健全党组织领导的自治法治德治相结合的乡村治理体系和集体经济组织运行机制，推行网格化管理、数字化赋能、精细化服务，严格按照申报书项目内容进行建设，完善衔接示范区的体制机制，形成可复制、可推广的经验模式。

加强协调配合。各级乡村振兴、财政部门要加强与相关部门的沟通协调和信息共享，减轻村级组织负担，明确监督管理职责，形成工作合力。衔接示范区建设领导小组及其办公室要定期了解土地供给、项目进展和资金拨付情况，动态解决矛盾问题，为开展衔接示范区建设总结积累第一手资料。

加大宣传引导。建设衔接示范区是一项开创性事业，各地要充分利用报刊、电视、电台、互联网等媒体，加强政策宣传解读，深入推进"万企兴万村"行动，全面展示衔接示范区建设成果，努力争取各方支持配合，引导各方积极参与，为衔接示范区建设营造良好氛围。

严格责任追究。县级政府及其有关部门在衔接示范区建设中，不履行或者不正确履行职责的，依照党纪法规和国家有关规定追究责任。要建立容错纠错机制，精准问责，防止泛化问责。

二、加强农村基础设施建设

农村基础设施条件对农业经济增长的影响至关重要，是农业资本的重要组成部分。加强农村基础设施建设，要扩大公共服务范畴，补足农村产业设施的短板，完善信息化服务平台。

（1）扩大公共服务范畴。随着特色产业的融合与发展、产业链条的延伸与扩大，基础设施建设作为政府公共服务的一部分，需要进一步扩大服务范围。一是扩展农业管理领域，不仅仅局限于农、林、牧、渔业的生产管理，而是进一步深入到土地规划利用、农业教育、科研成果技术推广、农村发展、农业生产资料供应、农产品加工、农产品质量标准、食品安全、生物多样性、生态安全等更加宽泛的涉农领域，实行宽领域管理和服务。二是提前做好规划建设，从农村饮水解困、水电安全生产、危房改造等措施逐渐过渡到项目的信息化、标准化建设，重视绿色发展，重视设施建设的科学性、合理性与可持续性。建设思路从生产到发展再到生态环保，建设理念从解决问题到战略布局，实现建设的提质增效。三是覆盖农业智能化服务领域，引导向精准化、集约化、智能化方向发展。产业的融合催生了新业态的出现，如网络直播产品带货、网红村庄景点打卡、数字乡村建设等，以产业发展需求推动基础设施供给建设，进一步扩大了公共服务的覆盖面，实现乡村全面信息化发展。

（2）补足农村产业设施的短板。基础设施的建设需要分阶段、分层次进行。当前的农业投入主要集中在产中环节，围绕育种、施肥、农机作业服务等展开，对产前产后环节投入不足，产业设施发展不平衡的短板明显。解决这一问题，一是要完善基础配套设施，着重开展农村公路建设、供水保障工程建设、乡村清洁能源建设，发展农村生物能源，实施数字乡村建设发展，推动农村千兆光网、5G 移动通信与移动物联网建设，做好垃圾与污水处理、公共卫生服务等运营维护工作。二是补足发展短板，转变传统发展思路，重点投入产前产后环节，实施农产品仓储保鲜冷链物流设施建设工程，推进田间地头小型仓储保鲜冷链设施、产地低温直销配送中心、国家骨干冷链物流基地建设。对接产业销售平台和打造品牌建设团队，推进农产品深加工，延伸产业链，发展休闲农业等多项服务。

（3）完善信息化服务平台。随着信息技术的快速发展、信息化智能化服务的普及，公共服务平台的建设也亟须完善。一方面，完善农村综合性信息化服务平台的功能。种植、畜牧疫情监测和预警功能：收集区域内病虫害种类、影响面积、潜伏时间等基础信息，结合虫害疫病防护专家的诊断和建议，定期向农户发布预防和治疗信息，帮助农户及时了解农作物、动物生长状况并采取措施应对可能出现的问题。气象数据监测和预警功能：精准预测农业气象变化，根据时令变化发布气象预报。农产品价格监控和发布功能：收集和分析农产品进出口贸易价格和市场收购价格等。农产品网上交易功能：和知名电商平台合作，开辟单独的贸易板块用于直采直营直销。惠农补贴信息发布功能：收集并及时发布政府补贴政策、标准、方式等信息。另一方面，完善农村综合性信息化服务平台的体系，以政府为主导，对多元信息平台进行资源整合，以村为节点，以县（市、区）为基础，以省为平台，统筹推进服务体系网络的建设，实现信息资源跨地区、跨行业、跨部门的相互连接、畅通和共享。

三、开发利用产业的多功能性

开发利用农业的多功能性是以自然、人文为发展基础，横向融合产业共通部分，纵向延伸产业发展链条，找到产业间发展的更多结合点和贯通之处。发掘农业的非传统功能，要融合多种产业发展形式，升级融合消费体验，缩小城乡休闲农业发展差距。

（1）融合多种产业发展形式。农业依据其独特的地理环境优势，适于与休闲旅游、体育运动、健康养护、历史文化等特色产业结合发展。一是围绕农业农村文化观赏旅游进行融合。各地农村在农业生产实践活动过程中形成了具有当地环境特色的山、水、林、田、湖和古村落建筑等，形成了丰富多彩的民俗文化、耕读文化等，发展红色旅游景点，改善特色自然人文景观，做好优秀历史文化和红色文化传承极为必要。二是围绕农村体育产业进行融合，越来越多的消费者到农村地区摄影、攀岩、垂钓、采摘等，放松心情的同时呼吸自然新鲜的空气。三是围绕健康养老产业进行融合，城市生活节奏快、压力大，游客产生了逃避主流旅游选择替代性旅游的动机，愿意花费更多的时间和精力深入体验乡村生活方式，围绕健康打造的生态农产品、舒缓压力的项目成为产业发展的一大重点。

（2）升级融合消费体验。在发展特色产业形态的同时，也要注重提升消费体验，改变消费者眼中传统的乡村形象，塑造"数字乡村""美丽乡村"的全新形象，让人耳目一新。一是创新农旅文化产品，开发独特体验项目。美丽乡村的建设不能模板化，打造千篇一律的特色小镇，要吸引消费者的注意力，还得因地制宜，立足于奇特、壮阔、绚丽的自然资源，营造民俗氛围，打造科普观光、休闲度假的胜地。二是加强网络等新媒体方式宣传营销，鼓励创作者通过短视频、直播、文字等多种形式进行传播，对优秀创作者进行奖励。创作者在发展个人爱好的同时，通过自己的作品扩大当地产品和产业的影响力，吸引大批游客前去观光旅游。三是优化农旅基础服务，完善周边卫生、垃圾回收处理等设施建设，发展线上线下同步服务平台，为消费者提供线上预订、线上咨询、产品介绍与展示、售后服务等一系列涵盖餐饮、住宿、导游等项目服务，开发针对不同游客类型如亲子、情侣、好友等出行套餐。

(3) 缩小城乡休闲农业发展差距。找准乡村产业融合发展定位，在城镇周边近郊发展都市农业，缩小城乡休闲农业发展差距，鼓励和推动城乡在资源流动等方面平等"互哺"。一是发展融合式都市农业，发挥城市物流交通优势，进行健康养老产品加工与生产，体验农业生产生活，打造农业技术示范园区等。二是将农户生产生活直接同休闲服务业紧密结合，推行"农家乐""农家院"等服务模式，扭转农村劳动力进城务工，家中劳动力不足，难以开展生产经营活动的局面，引进相关的企业和社会资本，助力特色产业发展。

四、发挥龙头企业示范引领作用

从当前我国特色产业一二三产业融合的情况来看，产业发展内部参差不齐，基础较为薄弱。农业龙头企业立足于农业资源优势和产业基础，在产品品质、产业基地、科研攻关等方面具有示范效应。充分发挥农业龙头企业示范引领作用，要加强企业自身建设，促进农业龙头企业之间合作，发挥区位优势。

(1) 加强企业自身的建设。涉农企业自身的能力水平是其发展壮大的根本要素，一般来说，涉农企业的发展水平受物质资源所能供给服务与人力资源管理水平的影响较大。一是提高人员管理能力，建立培训管理制度体系，对企业内部人员进行全面系统的培训管理，整体提高人员素质。配备相应的教学资源，包括培训场地和网络教学设备，主管部门及时通过教学平台发布教学信息，满足员工的培训需求。二是提高技术发展水平，技术创新是企业强大的市场竞争力之一。在充分研究顾客对融合型产品需求的前提下，整合企业内部资源，推进融合型技术创新，提高企业科技研发能力和技术进步水平，充分积累企业内在的核心知识和能力。技术创新不仅可以形成新技术、新工艺、新产品，而且可以通过创新产生的知识溢出效应实现产业融合，催生融合性技术、融合性产品和融合性市场。涉农企业核心知识和能力的提高，有利于推进农业与相关产业在技术、产品和市场领域的融合，加速产业融合进程。

(2) 促进龙头企业之间合作。龙头企业之间强强联手，合作共赢。特色产业三产融合的质量升级不是靠强势企业的单打独斗，而是依靠不同企业的优势互补，因而龙头企业间加强合作更容易发挥示范作用。一是以龙头企业为主导延伸产业链，重点围绕提升产业链水平，促进行业融合。食品和机械制造业融合，培育农产品加工设备产业；食品和造纸业融合，发展食品包装产业；食品和生物医药产业融合，发展功能性食品、保健性食品、医用食品，积极引进生物医药产业；食品和化工产业融合，培育高端、绿色食品添加剂产业，如曲周县晨光生物科技集团股份有限公司；食品和动物饲料产业融合，着力发展宠物食品产业，如邢台市南和区狗粮基地。二是以龙头企业为平台推广实践经验，向中小企业推广优秀管理经验、生产经验、科学技术等，引领弱势企业协调发展。企业间形成合作关系，信息共享、合作研发、联合经营、互动管理，相互促进和发展。

（3）发挥区位优势。发挥区位优势特点，整合区位优势资源。以龙头企业为示范抓手，通过辐射中小企业在优势互补的过程中扩大生产经营规模，获取规模经济效应。一是考虑资本营运，按照"专、精、特、新"的要求，建立股份合作制经济组织，与其他产业的相关企业建立战略联盟，进行投资入股、兼并重组或收购等，实现上市融资，发展跨产业的多元化经营，在获取范围经济效应的同时，充分利用整个社会资源，提高企业整合外部市场资源的核心能力。二是搭建企业网络，充分发挥行业协会的作用，企业经营的多元化和资本运营，必然带来组织形式的变革，即由单一的产业内企业，发展成为跨产业存在的、介于企业与市场之间、类似于企业网络的混合组织。彻底改变企业核心知识和能力的产业刚性，实行柔性化管理，节约交易成本，有利于提高企业生产经营的价值增值水平。

五、深化三产融合的利益联结机制

脱贫地区农户依靠传统农业发展模式增收困难，而通过发展特色产业三产融合，则可以通过按股分红、按交易额返利、产品高附加值等方式获得较高的收入，改变过去处于利益分配机制末端的被动局面。要使农民平等享有农村三产融合价值链带来的好处，联农带农利益联结机制的建立和完善至关重要。要积极尝试发展订单农业，提高

第三章 "千万工程"与乡村产业

股份合作效率，鼓励股份合作制形式，因地制宜、科学发展、利益联结机制，有效防范化解风险。

（1）积极尝试发展订单农业。发展订单型、股份型、产销联动型等形式多样的合作模式，联结个体农户、农民合作社、龙头企业、行业协会、科研机构、金融机构、政府等多个主体，风险共担、利益共享。一是产业发展的根基和保障在于农业自身，以此为基础开展深入合作发展订单农业，需要保障农民的基础利益。通过龙头企业与农户、家庭农场、农民合作社签订农产品购销合同降低交易成本，并提供贷款担保，形成稳定的购销合作关系，资助订单农户购买农业保险。二是修正订单农业运营过程中暴露出来的问题，提高订单的履约率。要坚持"民办、民管、民众受益"的原则，完善农民合作社的治理机制，实施价格保护制度，建立相应的市场信息平台，加强诚信观念宣传。政府在这个过程中，不干涉市场交易行为的发生，鼓励订单农业的发展，督促实施农产品收购价格保护机制，为农户提供有效市场信息，强化主体间商业信誉观念，维持利益双方的稳定和平衡。

（2）大力推行股份合作制模式。积极引导并帮助农户以多种形式进入其他产业，从中获得相应的要素收益。一是采取"保底收益+按股分红"方式促进合作，农户以土地经营权等入股农民合作社，以基础托管服务费与农民合作社分摊成本，再以分红的形式分享额外的三产融合增值收益，这种方式扩大了农户参与特色产业三产融合的机会。二是借鉴脱贫攻坚和国际经验，发展行业协会、科研院所等第三方力量。如河北农业大学与政府合作创立的"太行山农业创新驿站"；日本、法国等通过行业协会指导生产过程，与企业形成合作平台，在尊重农户意愿的同时服务于民。农业科研院所加强基层调研工作，组织科研团队和力量实地了解生产需求，调整资源配置方向，以项目为主导，在完成科研攻关的同时，解决实际生产生活中存在的问题。

（3）因地制宜、科学发展、利益联结机制。在不同的利益联结机制中参与的主体利益不一定一致，故而话语权和主导权不同，利益分配和调节也有所区别，因此要制定科学有效的机制，防范重大风险的产生。影响合作利益分配的风险因素可以分为外部风险和内部风险：

外部风险一般包括农产品市场价格波动的风险、市场预测的偏差性风险、农产品经济环境风险、产品质量安全风险、自然灾害风险；内部风险主要包括信息不对称风险、投机行为风险。以订单农业为例，在生产过程中要对农产品质量进行管控，降低不确定性。以股份合作制农业为例，由于经营者的行为选择受到结构、文化、政治和认知的多重影响，农民合作社可能存在粗放经营的情况，影响生产经营效率。因此，要在经营过程中做到有的放矢，规范经营合同条款，开发保险产品，约束道德风险的发生。

第四章 "千万工程"与乡村建设

第一节 "千万工程"在乡村建设中的典型模式

这里主要以浙江省为例，"千万工程"的实施不仅有效改善了浙江农村环境面貌，还带动了当地农村经济社会发展，并逐渐发展成了安吉模式、永嘉模式、龙溪模式、萧山模式等典型农村环境整治和美丽乡村实践模式。

安吉模式。20世纪末，造纸、化工、印染等企业的发展使安吉地区经济增长较快，但同时也带来了环境污染问题。随后，安吉县政府提出生态立县的发展战略，对相关企业进行强制治理，努力实现经济生态化。安吉以多种形式推进农村人居环境整治，集中进行工业污染整治、污水处理、河沟池塘污染治理以及违章建筑整治等；同时立足生态环境资源优势创造绿色经济，如发展竹林和白茶、生态乡村休闲旅游和绿色食品等新兴产业，提出经营村庄和"生态+文化"的发展理念，推进美丽乡村建设。

永嘉模式。永嘉县也曾有"脏乱差"的现象，部分农村中的金属加工企业产生的废渣、废气让村民深受污染之苦。为使企业正常发展又有效改善环境，永嘉县政府采取用能转型并淘汰落后产能，让企业进行用能改造，转用清洁能源，基本消除了污染排放并使农村环境转好。永嘉县源头村还将环保与新农村建设相结合，建"新村"换"旧村"，在全省首创"整村置换"模式，采取"古村落保护+生态旅游"的理念，通过乡村振兴示范带建设推动绿色发展。

龙溪模式。龙溪市美丽乡村建设起步早、基础好，专项整治工作推进速度快、氛围好，但农民并不富裕。近年来，龙溪市乡村通过吸引外来资本修路和改造农田，采取"公共艺术+创意农业"的发展理念，以动漫花谷、开心农场等项目带动产业发展，使其转化为经济发展的动力，建设了有当地特色的田园综合体，发展"美丽经济"并谋划"退二进三"，优化了产业结构，使乡村经济在转型中稳步提升。

萧山模式。萧山区通过编制《萧山区美丽乡村建设指导手册》等地方规范指导美丽乡村建设。首先，补齐环境短板，启动"散乱污"行业的整治，政府在淘汰落后产能的同时，助力生态产业发展；其次，采取"乡村节庆+民宿产业"的发展理念，发展园林绿化、花卉苗木等产业以形成绿色经济。

第二节 乡村建设中的经济建设

美丽乡村建设离不开经济发展的支撑。在现代化过程中，生产力和生产关系共同构成了社会发展中的核心经济要素，这种经济要素是决定复杂的乡村系统发展水平的关键。从乡村发展变迁的过程来看，改革开放后，随着外部政府、市场等力量的不断深入，村庄与外部的联系也日益密切，让很多之前难以解决的问题都可以在经济发展过程中得到有效解决。在美丽乡村建设中，经济发展是重中之重，尤其是经济系统对社会发展、基层治理等方面有着很强的关联性影响。无论是新农村建设、美丽乡村建设还是现在的乡村振兴战略，都能看到经济发展对于乡村整体发展的关键作用。进一步而言，乡村经济发展关乎社会主义现代化建设目标的实现，这不仅仅是乡村振兴的重要内容，同时也是保持社会和谐稳定的内在要求。美丽乡村建设的顺利实施，要求经济必须保持向前发展的水平，唯有如此，才能更好地为乡村社会发展、环境质量建设、基层治理乃至文化传承与创新提供良好的物质基础。

一、美丽乡村建设中的经济发展

环境与经济是一个相互关联、相互作用、相互制约的动态复杂开放系统，因此美丽乡村建设中如何发展经济，发展一种什么样的经济便成为一个急需解决的问题。在农村研究中，经济发展被认为能够提升村民的环境意识与行为，同时还能为环境治理提供经济支持。经济发展有助于提高基层治理的效率，还能推动文化传承与创新等。简言之，经济发展成为事关美丽乡村建设系统工程的关键维度。

首先，经济发展为环境保护提供物质前提。在农村环境治理的过程中，无论是生活垃圾治理，还是污水治理等，都需要投入大量的人力、物力、财力与技术，这些投入的背后都需要以经济发展水平作为支撑。只有当一个地区或一个村庄具备一定的经济条件，才能为环境治理提供所需的物质条件。改革开放以来，农村经济取得了突飞猛进的增长，这就为解决农村严重的环境问题创造了必要条件。经济发展与环境保护之间的关系，在国内外已有研究中，已经得到了详细的分析，认为经济发展与环境保护之间存在密切的相互作用关系。美丽乡村建设旨在寻求经济发展与环境保护的和谐共进，习近平同志提出的"绿水青山就是金山银山"的理念就为经济发展与环境保护之间的关系明确了演进路径。绿水青山与金山银山并不互斥，相反，只有农村经济的可持续发展才能更好地让乡村成为一个"留得住乡愁"的地方。天蓝、地绿、水清的美丽乡村，也能让村庄的经济实现可持续发展。发展经济尤其是农村集体经济，有助于提升村民的公共意识，进而为其参加公共领域的环境保护创造条件。在农产品的生产过程中，有经济条件的支持，也有助于对生产各个环节进行监测和控制，以减少生产对环境所造成的污染。此外，在农村基础设施建设方面，垃圾处理、污水处理等设施建设也需要有稳定的经济来源。

其次，经济发展是推动社会发展与文化创新的关键。村庄的整体文化是共同体长期生活习俗、思维观念和行为方式的累积，而这其中的经济因素也是文化传承与创新的物质基础。一个地区或者村庄的文化不仅能够很好地反映出村民的思想观念、综合素质、邻里关系等，还是村庄民风与村民家风的综合体现。改革开放以后，外部因素在牵引着村庄的发展，村庄正面临着新旧社会结构的调整，村民的文化价值观念也处于转型的阶段，在这个过程中，普遍出现了道德滑坡、价值观念错位等一系列社会文化问题，与此同时，传统的封建迷信之风仍然在农村盛行。这些问题都极大地影响了农村社会文化建设。从某种程度上来说，这些问题也都是物质基础依然不够牢固在精神层面的表现。当前村民普遍存在集体意识淡薄的情况，这在很大程度上也是受到了家庭联产承包责任制的影响，尤其是集体经济的强弱，将会影响村民的集体观念与集体责任感。经济实力比较强的村庄，往往能够投入更多的资源用于文化建设，尤其是能够为村民提供更多种类的精神文化产品。集体经济发达的村庄，还能借由集体经济组织培育村民的集体责任感，营造文明乡风、良好家风和淳朴民风。

最后，经济发展是推动基层治理的有效途径。在不同的发展阶段，随着经济、社会发展形势的不断变化，我国分别推行了不同的乡村治理模式。当前以村民自治制度为代表的乡村治理模式，在一定程度上凸显了党和国家高度重视人民群众的首创精神。

通过制度的规范与约束能够确保村民直接行使法律所赋予的权利，但由于现阶段我国仍以小农经营为主，村民之间的联系较为松散。在村民自治过程中，许多村庄由于缺乏经济激励，导致村民参与公共事务的积极性不高。再加上城乡之间巨大的经济差距，农村的年轻人离开家乡去寻求更高的收入，村庄里大多是留守老人、妇女及儿童，导致治理人才匮乏，进而影响村民自治的实施效果。农村经济的发展有助于重新吸引各类人才的回流，让更多人愿意为自己的村庄建设贡献自己的一份力量，进而为基层治理奠定基础。经济要素的流动也能吸引更多的资金、技术、教育、医疗等资源向农村倾斜。有了经济基础的支撑，村庄能够增强为村民服务的能力，这样有助于将村庄组织起来，同时还能更好地扩宽村民参与公共事务治理的途径。在村庄内部分化加剧、乡村治理出现内卷化问题的情况下，强大的经济实力有助于村庄重新激活社区的内部发展动力，尤其是推动经济组织运作机制和集体经济的发展方式的变革。治理有效与生活富裕并不矛盾，相反，产业兴旺、生活富裕能够在一定程度上提升村庄的组织化、专业化和规模化水平，进而推动"治理有效"目标的实现。总之，经济发展在美丽乡村建设中起到事关全局的关键作用。

二、推动经济发展的主要措施

（1）产业结构调整。安吉县结合美丽乡村建设要求，根据县域的实际情况，优化了全县的产品结构、产业结构和区域布局。在第一产业方面，重点发展生态农业，立足于安吉县的地形地貌、自然资源和农业发展基础，将全县划分为西苕溪源头区、中部丘陵区、平原土斗区三大生态功能区,培育安吉白茶、笋竹、特色蚕桑、生态畜禽、特种水产等八大优势产业,形成区域化布局、专业化生产、产业化经营、标准化管理的资源节约和环境友好的生态循环农业产业体系。在调整农业产业布局的基础上,进一步加强对耕地特别是基本农田的保护,禁止在基本农田挖塘养鱼、植树造林,提高了当地的农业综合能力。在基础设施建设方面,安吉县完善农田基础设施,加强排灌渠系、小型蓄水和灌溉设施等基础设施建设,重点开展标准农田质量改善工程。在生产技术方面,安吉县积极鼓励科技人员深入第一线,广泛开展技术推广、技术培训和技术咨询,培养了一批懂技术、会经营、会管理的新型农民。除此之外,加快农业信息化建设,建立健全县、乡、村"三位一体"农业公共服务体系与农业科技信息网络。除了积极争取金融输入"农业、农村和农民",整合各类基金用于现代农业园区建设,安吉县还探索建立多元化、多渠道农业投资机制,主要涵盖了国外资本、民间资本以及其他社会资本等主体。

安吉县充分把握发展战略性新兴产业的重大机遇,为发展生态产业奠定了坚实基础。安吉县从道路、供电、供水、排污等基础设施建设入手,完善了运行机制,搭建良好平台。在创建良好的基础设施条件与环境的基础上,积极引进和培育新医药、新材料、绿色食品电子信息等技术含量高、附加值高、绿色环保的新兴产业。而对于高污染行业,安吉县依然以最严格的环境标准控制高能耗、高污染行业发展,采用规模以上工业企业环境认证率、乡镇清洁生产审核合格率、政策综合评价体系等多项指标对高污染行业进行严格控制,鼓励企业形成绿色生产的良性循环机制并不断加大对新产品的研发投入。县政府成立了淘汰落后产能的工作领导小组,由县政府分管领导任组长,县发经委、环保局、质监局等部门为成员单位,明确了各成员单位的工作职责。根据淘汰落后产能目录及市政府下达的年度淘汰任务,加大对水泥、造纸、印染、化工等高耗能行业落后产能的淘汰力度,对高耗能企业在用电紧张时重点实施限电措施。

(2)农村集体经济发展。改革开放后,随着市场因素的不断渗透,没有集体力量的支持,小农很难在与工商业资本的互动中获益。村庄缺乏公共财政资源的保障,导致公共服务或产品严重依赖外部主体的供给，从而造成村庄集体凝聚力减弱。安吉县建立了完善的村集体经济发展政策体系，村集体经济的发展促进了农村社区的凝聚力和内生发展动力的增长。在组织领导方面，安吉县建立了县、乡、村三级联动，共同推进集体经济发展的组织领导体系，形成了分工明晰的责任体系。安吉县充分发挥财政杠杆的调节和激励作用，县财政每年安排专项资金1.2亿元，实行"以奖代补"，用于农田水利设施建设补助资金、农业科技推广与服务补助等领域，以支持村级集体经济发展。与此同时，积极寻求与商业银行合作，设立专项信贷资金，支持村级集体经济发展壮大，对符合贷款条件的村级集体经济项目提供信贷支持。建立完善的奖惩制度，通过完善考核机制，为集体经济的发展树立榜样，提高基层集体经济发展的积极性。发展壮大集体经济示范村，以表彰奖励为重点，建立村干部劳动报酬制度，促进集体收入增长，将村级集体收入增长与村干部工资挂钩。总之，安吉县从人力资源、信息、技术等渠道为村级集体经济发展创造了最优的政策环境，在具体操作层面，也选择了一批熟悉农村政策、掌握农业技术、了解市场需求、善于经营管理的专家学者，对每个村进行指导。

　　由于地域、经济发展水平、人口结构、社会文化等方面的差异，农村对社会保障也有不同的需求。在这种情况下，很难完全依赖政府对公共产品的统一供给。安吉县鼓励各村结合农村实际情况，寻找正确的方式，形成"一村一品"的农业经营模式。安吉县积极引导村集体清理农村集体的资金、资产和资源，把它作为稳步推进集体经济发展的重要手段，通过清理"三资"为集体经济发展积蓄能量。有了这些资源，村庄借助市场化的运行方式，以村集体经济组织为经营主体，能够发展各类生产、经营、服务项目，就能为集体经济发展创造有利条件。在实践中，安吉县的杨村结合绿水旅游度假区的生态优势，充分挖掘山水资源潜力，引导以生态旅游为切入点，采取村经济合作社投资入股、引进项目收租等方式推动了村集体经济的大跨步发展。

　　村集体资产是保障乡村治理转型的重要支柱，杨村的成功在于村集体经济收入来源的多样化。杨村经济合作社已完成股份制改革，股权量化折股到人。村集体收入来源主要为物业收入、资产性收入、项

第四章 "千万工程"与乡村建设

目补助款、山林承包和旅游收入等。村庄通过休闲民宿、白茶、黄花梨种植等产业培育，不但加快了由单一产品向多层次产品、高品位产品结构转变，而且将农事活动、农业观光、种植销售等元素糅合到产业发展中，带动了本地百姓的参与，极大地发挥了产业链的联动作用。概言之，强大的集体经济成为保障村庄展开治理工作的重要基础。

总之，安吉县在美丽乡村建设中，将推动村庄集体经济发展放在重中之重的位置，充分发挥集体经济的灵活性，根据本村的具体情况和需求设计有针对性和补充性的社会保障内容。除此之外，集体经济强的村庄，往往注重对村民孝善、重教、自强、诚信、友爱、互助等美德的激励，取得了很好的效果，有效促进了乡风文明建设。社会治理的关键是治理流动性，相较以往村民忙于自身生计，无暇顾及村庄整体发展和公共事务，村庄面临公共性消解的困境，集体经济的发展不仅加强了各类人才回归乡村的意愿，同时以切切实实的经济利益为纽带，提升了村民参与公共活动或公共事务的组织力、凝聚力和认同感。与此同时，集体经济作为重要的社区公共财力，为提升乡村基层党组织服务能力、引领能力、管理能力提供了有力支撑。

（3）制度改革。安吉县为推动农村经济发展，加大了农村集体产权制度改革的力度。深入推进农村集体产权制度改革，推动资源变资产、资金变股金、农民变股东。深化农村集体产权制度改革，必须处理好农民与集体的关系，切实落实集体所有制，维护集体和个人的共同利益，同时保护农民个人利益和财产权益。以家庭联产承包经营为基础、统分结合的双层经营体制是我国农村的基本经营制度。对于统分结合的双层经营体制，"分"是为了使生产关系适应当时生产力发展水平的现实选择；"统"代表着生产力的发展方向和社会主义农业生产制度的根本优势，是关系双层经营体制的根本问题。

安吉县在推动制度改革的过程中，牢牢抓住了统、分两个要素，突出了要重点推进集体经营与家庭经营、合作经营、企业经营等其他经营方式共同发展。此外，安吉县依托村民委员会或村党支部，以技术指导、信息传递、物资供应、产品加工销售为主要内容，与基层农业技术组织、农业龙头企业和主要专业户开展合作。积极培育农村专业合作经济组织，引导主导产业和特色产业建立专业经济合作社，大力发展"订单"农业和"公司+农户"或"公司+合作社（协会）+农户"等生产经营模式，重点支持一批有支农、科技创新、加工增值、市场拓展能力的集体企业。例如杨村的"公司+合作社+农户"的乡村经营模式，村民将从中获得工资、股份分红、房租租金、农产品种植等多种收入，使村集体经济、农户能真正享受到美丽乡村建设带来的成果。

安吉县以尊重和落实人民群众的主体地位，充分发挥人民群众的主体性，激发人民群众的积极性为原则，积极探索与落实了农村"三权分置"改革。"三权"即农地所有权、承包权、经营权，"分置"是将这三种权利的边界清晰地界定出来，使"三权"各自相对独立化。在改革试点过程中，安吉县在保持所有权和承包权不变的前提下，自主改造经营权，激活经营权，赋予经营权应有的法律地位，明确经营主体的责任和权益。通过三权分置改革，推动了经营权流转和农业规模化，"三权分置"改革打破小农生产方式对农业产业化、规模化、集约化的制约，从而顺应当前安吉县农业生产力发展的客观现实。在市场经济不断深入农村的背景下，安吉县"三权分置"改革的落地、落实，大大促进了其主体性的充分发挥和热情，真正维护和保证村民的根本利益和主体性。新形势下，安吉县加大了改革力度，有效维护了我国农村社会主义经济基础，避免了农村主要生产资料民营化，使农村公有制的活力和生命力得以重新焕发。总之，这些制度改革解决了当前农村经济发展中迫切需要解决的客观现实问题，保持了农村社会主义公有制的发展，激发了农村经济内生发展的能力。

在大多数情况下，"村民之所以愿意加入集体，或加入后不退出，是因为集体能够比市场带来更高的收益，相对于市场，集体能够更好地解决他们的生存和发展问题"。杨村通过进行股份制改革，以股权形式将财产量化到成员，为农民非农化发展提供了基本的生存保障，这样不仅调动了村民的参与积极性，同时也激发了他们的监督意识。更为关键的是，杨村在遵循公平原则的基础上，允许村民之间就股权进行"合理流动"，这样进一步增强了村民参与集体经济发展的主动性和积极性。股权的多少成为村民在年底享受集体分红的主要依据，

第四章 "千万工程"与乡村建设

与此同时，集体资产的所有权仍然归股份经济合作社集体所有。股份制改革让村民与村集体的利益捆绑更加牢固，在这种情况下，基于民意共识而形成的调节机制，自然能够对村民的行为产生很好的约束效力。股份制改革也让村民对村庄精英群体反向监督的积极性被调动起来了，村民唯有以实际行动参与并支持村庄和村庄产业的发展，自己才能够在年底分到更多的红利，于是越来越多的村民将自身利益与村庄利益和发展紧密联系在一起。

（4）市场资本的引入。市场资本是美丽乡村建设的一个重要因素。正是市场这只"看不见的手"，激活了安吉县杨村的发展空间，奠定了村庄经济发展的基础。杨村在美丽乡村建设的基础上，围绕"整村推进"，以项目制的方式，统筹谋划村庄发展。项目运作与资本下乡，不仅能改善村内环境设施，有利于杨村的基础设施建设，还给当地提供了就业机会，带动了全村旅游产业的发展。借助美丽乡村建设的推进，杨村试图把休闲农业和乡村旅游结合起来，通过招商引资大力发展第三产业。项目建设根据绿水旅游度假区对杨村美丽乡村建设的整体规划，做到园中有村、村中有园，保护和改善当地的农业生态环境，发展休闲农业，增加周边农民的就业机会和收入。通过借助市场资本的力量，杨村的基础设施得到改善，美丽乡村建设得以更进一步。在观光园的具体建设与运营的过程中，杨村积极解决本村劳动力问题，与此同时，周边村民还可以为游客们提供更多的食宿娱乐等方面的服务项目，带动了当地旅游产业的发展，从而实现了资本进入与农民共赢。杨村正是借助市场资本的力量，逐渐成为集文化休闲、乡村度假、休闲农业等多元业态为一体的乡村旅游村。除此之外，借助资本的力量，村庄还打响了农业特色品牌，推进特色农业标准生产和质量强制认证，推进一系列无公害农产品、绿色食品和农村食品的生产和认证。

在杨村垃圾治理实践中，新技术的使用极大地促进了垃圾减量化、无害化和资源化，主要是餐厨垃圾处理技术的使用、可回收物资智能管理系统的建立、互联网与物联网平台的搭建和使用。运用技术，却不盲从技术，是杨村的重要经验，之所以称为"因地制宜"，是因为引进的这些垃圾处理技术，在当地根据村社具体情况都被加以改造,"技术在地化",最大程度地做到有效、方便和可操作化。除了硬制度和软规范的作用,对于技术的灵活运用也是杨村环境保护成功的重要基础。进村企业为什么那么配合村委会工作,那么积极地参与垃圾分类和环境保护,是因为他们从中获益,得到了实惠,他们相信村委会是肯办事、办实事的。对外,杨村高度重视工商资本、社会资本、金融资本的吸纳和参与,通过竞标方式吸引外来资金投资杨村的旅游业,公开招募艺术家打造杨村形象,动员市场力量建设美丽乡村。此外,安吉县注重投融资机制的创新,利用政府财政杠杆,通过政策引领激发各阶层的内在活力,"内外兼修,四两拨千斤"。

杨村通过对产业资本的灵活运用,旅游业态日渐丰富,产业集聚效益已经显现,村庄实现了旅游产业多元化、复合型开发,增强美丽乡村发展内生动力。总而言之,农村经济的快速发展,为美丽乡村建设的顺利推进打下了良好的物质基础。村庄集体经济的发展使得农民以多种不同形式参与集体经济,农民通过入股或分红的形式享受村级集体经济发展所带来的红利,村民的个体利益与集体利益捆绑在一起,形成了利益共同体。农民以土地流转、专业合作社、劳动务工等多种形式参与村级集体经济,进而通过村级集体经济实现收入增长,双方形成了共同支撑的局面。

第三节 乡村建设中的基层治理

基层治理强调在我国基层地区的一定范围内,以基层政府为主导,在村级基层组织和民间组织的参与下,共同解决农村社会在新型城镇化进程中面临的新的治理问题,以达到对基层社会治理的最佳状态。治理有效是美丽乡村建设的基本要求。作为国家治理体系的基础性组成部分,基层治理有效不仅关系到国家贯彻落实某项具体政策,同时也是增进基层民众福祉和公共利益的重要手段,更是建立理性、规范、制度化的现代国家制度的重要途径。农村内部深层次问题和矛盾的解决离不开治理体系与治理能力的完善。

第四章 "千万工程"与乡村建设

一、基层治理体系与能力

基层治理体系与治理能力现代化是国家治理体系与治理能力现代化的重要基础。党的十九大报告明确提出要"健全自治、法治、德治相结合的乡村治理体系"。《中共中央、国务院关于实施乡村振兴战略的意见》设定了健全新型乡村治理体系的"三步走"战略构想，即：到2020年，乡村治理体系进一步完善；到2035年，乡村治理体系更加完善；到2050年，包括健全乡村治理体系在内的乡村振兴战略目标全面实现。安吉县在推动美丽乡村建设中将基层治理作为各项工作稳步推进的基础和根本路径。基层治理体系的建设有助于增强顶层机构或制度的灵活性，从而缓解国家政策的普遍性与具体实施的特殊性之间的矛盾关系。健全的农村基层治理体系和机制、优秀的基层社会治理能力，成为安吉县推动农村发展的内在动力源泉。安吉县立足于当地的实际情况以及新时代的背景，将自治、法治、德治三者贯通相融，这种方式既是对传统社会治理思想的创新，又契合了当前我国乡村社会结构的特点和乡村基层公共事务复杂性的现实。

自治是基层治理的重要基础。村民自治作为一项重要的制度创新，在维护农村社会稳定方面发挥着重要作用，其核心内容是村民主体意识的体现。法治和德治都需要通过村民自治来实现，村民自治是最重要的基础。乡村既是农民日常生活的重要场所，又是农民政治生活的重要场所。在国家的正式制度中，行政村作为最低层次的治理单元，逐渐成为国家权力进入农村社会的基本治理单元。农村税费改革后，国家逐步加大了对农村资源的投入力度，行政村在这一过程中的地位也受到了一定程度的影响。国家试图通过绕开基层组织，进而实现与村民的直接对接，但在实践中却衍生出种种异化行为。在实践中，安吉县逐步将行政村的功能定位转变为公共服务功能，成为正式行政体制实践的内在组成部分。村级组织作为村民自治制度的重要主体，已成为发展实践中不可忽视的重要社区参与力量。当前造成农村社会诸多矛盾的原因，在于村内公共事务没有得到妥善解决，而村民可以通过自我教育、自我管理和自我服务来协调利益关系，化解社会冲突的积累。在全面推进基层治理体系和治理能力现代化的背景下，农村社会通过制度建设和组织保障,为村民自治的有效实施创造了各种平台和条件。国家对于自治的高度重视,能激发村庄内部主体的参与功能,不仅有助于乡村社会秩序的稳定,同时也是从实践层面调动基层群众进行自我管理、自我教育、自我服务和自我监督的积极性。

法治是基层治理的重要保障。自治和德治必须在法律规则的范围内进行,任何可能超越法律边界的治理方式都是不被允许的。只有真正落实正式制度,严格依法治国,才能从根本上保障农村社会公平正义的实现。乡村治理需要一套具有强制特征的外部规则来弥补自治和德治无法解决的治理问题。法治思维并不仅仅是对违反法律规范行为的强制性惩罚,更在于培育村民的规则意识。新时代背景下,无论是治理体系的构建还是治理能力的提升,都必须要在法律的框架内进行,这是为构建良好的乡村治理格局奠定基础的关键举措。依据《中华人民共和国宪法》的规定,基层群众自治制度是国家的基本政治制度。《中华人民共和国村民委员会组织法》为村民自治提供了法律保障,村民可依据法律进行自我管理、自我教育和自我服务,并且可以在村民内部进行民主选举、民主决策、民主管理和民主监督。这些正式法规制度的存在,赋予了村民自治与德治的权利。在市场经济的条件下,完善的制度体系不仅有助于村民通过法律手段解决各种各样的问题,同时也营造了一个良好的社会氛围,让基层治理的主体去依法处理事务、寻求法律的支持、维护村民的合法权益。对于参与基层治理的不同主体而言,将法治思维运用到具体的治理实践中,可以进一步提高主体的治理能力。此外,强调法治不仅没有限制村民的主体性,而是鼓励其依法履行法定职能、承担公共责任,进而保障农村社会的和谐稳定。

德治是基层治理的内在灵魂。法律与道德的关系不是零和博弈,而是相互补充、相互合作、相互促进、共同发展。在农村社区语境下,农村社会特有的文化道德是一种非常重要的治理资源,可以为自治和法治提供有效的辅助。安吉县在基层治理中充分尊重和了解不同地区的传统文化和村治习惯,并在此基础上挖掘村庄当地文化资源。相较于村民自治与法治的"硬治理",德治更多是来源于乡村文化的有效感召,是一种内生于乡村本土的"软治理"。安吉县在治理过程

第四章 "千万工程"与乡村建设

中,积极引导各村动员其文化精英积极参与全村事务。在这一过程中,强调村庄要认清各个区域的文化特征,更合理地进行乡村治理,整合好道德的影响力。自治和法律,都是强调以某些标准来解决不同的公共事务,但德治不同,它可以根据不同的农村文化传统、公众舆论环境去不断调整治理模式,这意味着治理可以不断解决乡村中涌现的新问题。安吉县在构建"三治融合"的治理体系时,极为强调借助文化感召对行动者进行自我约束,进而为自治和法治工作的开展创造便利条件。在县域政策的积极引导下,安吉县的德治具有鲜明的地域文化特征,不同的乡镇根据各地的实际情况,积极发挥了德治在"三治融合"乡村治理体系中的功能与作用。村庄构建的一套符合发展诉求的道德约束体系,有助于挖掘这些文化因素对自治和法治的推动,这在一定程度上提升了乡村治理的效率与质量,进而实现治理有效的目标。

二、基层治理创新实践

(1) 县域层面。安吉县坚持把党的领导贯彻落实到基层治理的过程中,以此保证治理能够朝着正确的方向推进。《中共中央、国务院关于实施乡村振兴战略的意见》提出要"确保党在农村工作中始终总揽全局、协调各方,为乡村振兴提供坚强有力的政治保障",并且健全和创新农村党组织领导的充满活力的村民自治机制。安吉县切实推进基层党建职能的转变,使党建工作能够主动自觉地为基层群众提供相应的制度环境,积极引导、组织和支持村民参与乡村治理。在安吉县治理实践中,农村基层党建工作一直被放在首位,基层党组织成为引导农村社会各项事业稳步前进的核心保障。安吉县注重提高农村干部的团队质量,严格筛选和培训村"两委"干部,常态化地将积极的农村人才纳入党组织进行检验与考察,同时依靠正规系统体系鼓励村里的干部及其他储备干部积极参与到治理中来。安吉县还建立了乡镇干部双向流动机制,年轻的乡镇干部可以自愿申请或选拔到村内临时任职。同时,工作突出、业绩突出的村干部也可入选乡镇干部。更重要的是,安吉县通过建设成长机制、筛选机制、奖惩机制等制度机制保障,不断提高基层干部的治理能力,使其不断适应新时代的治理要求。这一系列的行动，使基层治理能够获得源源不断的党员后备力量，促进党员干部年龄结构合理化。

安吉县除了重视利用制度加强自上而下的乡村政权建设，同时也积极引导各级政府转变政府职能，还权于基层自治组织。在美丽乡村建设中，安吉县各级政府始终强调自身"指导者"角色，给予基层自治组织更多的治理空间。安吉县以制度化的方式，通过内生型的新乡贤的自治力量加强乡村自治能力，形成了以内生力量自治为主、外部治理为辅的治理格局。在这种治理格局之下，安吉县能够在一定程度上释放乡村社会的发展潜力，进而增强被治理对象的主体责任意识。加强基层干部的服务意识和责任意识，转变官本位思想，把粗放简单的工作方式转变为因地制宜的工作方式。安吉县鼓励基层政府减少对基层事务管理的行政干预，赋予治理对象更多的自治权，从而促进内生自治主体的培育。地方政府确保基层组织有更大的发挥空间，充分发挥其中介作用，从而积极动员群众参与农村治理，形成良好的组织基础。安吉县通过严格的制度约束，保证了基层组织所发挥的作用不异化。在具体制度建设过程中，安吉县建立健全了村务信息公开制度、民主决策制度、民主监督制度和激励约束制度。在充分尊重村民主体参与权的前提下，安吉县对干部不按程序办事、滥用职权的行为进行了制度约束。总之，政府与社会加强了相互之间的合作与沟通，形成了一种多元治理模式，引导其他治理主体共同致力于美丽乡村的建设。

乡村建设离不开物质条件的支撑。物质资源保障在提升治理主体主动性的同时，还可以为村民提供公共服务以及村庄秩序维持等村庄治理功能。美丽乡村建设作为一种自上而下的项目制，本身就建立在资源输入的基础之上。县级层面完善村级组织运转经费保障机制，推广"一事一议""以奖代补"等方式，鼓励村民更多参与到乡村农田水利、公共交通、饮水安全工程等基础设施的建设中来。项目制作为一种资源输入形式，带来了从中央到地方各级政府的行动逻辑以及政府之间互动关系的变化。

此外，市场力量的引入，让项目制并不仅仅停留在政府自上而下的专项项目上，也出现了通过政府购买服务、由社会第三方承担的

第四章 "千万工程"与乡村建设

"项目制"。由第三方承担的"项目制"成为安吉县调动市场、社会治理资源的一大手段。例如在治理环境的过程中,安吉县通过第三方社会组织承接的政府购买服务项目"开展环保教育,建设美丽家园"环保项目,成功调动社会组织、村民等参与社会治理,创新了农村环境治理机制。

(2) 村庄层面。安吉县注重调动村级组织在基层治理中的关键作用。在制度保障的基础上,村庄由本村有威望的老干部、老党员、村民代表组成民主监督小组,监督的范围包括党务、村务、财务。在财务方面,监督小组会吸纳有财务专长和经验的村民,保证监督小组的审核权、纠正权和评议权。在村干部履职方面,村民会积极参与到村民代表大会中,由村民代表对干部的思想政治、廉洁纪律、工作业绩等方面打分,得分结果将会直接与村干部的工资、奖金挂钩。这些举措既保障了村民参与村庄治理的实际权利,同时也有效地约束了治理主体的行为。村级组织通过软、硬两种手段调动了村民参与村庄治理的积极性与主动性。村民自觉将个体利益与集体利益相挂钩,进而能够常态化地参与到治理中来。例如为了加强民主监督,实施两务公开,密切干群关系,村"两委"组建了经村民代表选举产生的民主监督和民主理财小组,明确村级财务活动必须经监督小组审核同意后方可报账。

在美丽乡村建设中,乡村社会动员是通过层层文件传达、开会、基层宣传、思想工作等具体策略实现的,这几种策略有时候是相互嵌套的。例如"开会"是其中重要的社会动员方式。在班子建设方面,根据参加会议的群体,可以区分为上级领导的检查会和座谈会、党政班子的决策会议、党政系统的协调会、基层干部和群众的动员大会等。开会的目的,既是便于传达信息,也是统一思想,同时也有相互交流的意味。在开会的过程中进行文件传达,也有助于强化科层系统的层级,使得科层系统得以正常运转,自上而下地保证了美丽乡村建设。强化"四诺履职"日常纪实管理办法,村"两委"干部年初主要围绕发展集体经济、促进社会和谐、服务党员群众、大力创业创新等方面对岗作出承诺。年初对岗定诺、季度依标践诺、半年按绩评诺、年度评星奖诺,通过"四诺履职",杨村以期建立村"两委"干部日常表现管理纪实档案库，将纪实和评议情况及时纳入纪实档案库进行管理，并作为村"两委"干部个人年度考核的主要依据。村"两委"干部日常表现纪实情况将被纳入村年度综合考核，并根据所记的管理情况，确定一定数量表现突出、实绩明显的村"两委"干部，最后将日常表现纪实情况作为年底评先评优的重要参考依据。对村"两委"干部，侧重于服务能力评价，在村党员服务中心设置电子服务评价器、服务办结评价单，采取"一事一评、一人一评"的方式，由办事群众当场评价服务成效，作为村干部年度考核报酬发放的重要依据。

美丽乡村建设是一项系统工程，需要各部门整体联动，各负其责，形成合力。《中共中央、国务院关于实施乡村振兴战略的意见》对当前我国乡村发展突出问题进行了把脉，明确指出"农村基层党建存在薄弱环节，乡村治理体系和治理能力亟待强化"，而乡村振兴的第一条基本原则就是"毫不动摇地坚持和加强党对农村工作的领导，健全党管农村工作领导体制机制和党内法规，确保党在农村工作中始终总揽全局，协调各方，为乡村振兴提供坚强有力的政治保障"。在项目进村的过程中，杨村的党员会自发对工程项目、物资采购、劳务用工等环节全程监督，坚决杜绝损害村集体和村民利益的情况发生。此外，依托村级党群服务中心和"爱游"党员志愿服务驿站，以11个村民小组和重点公共场所为重点，设置15个网格服务点，建立"线上""线下"覆盖村民、游客和外来流动人员的网格服务体系，着力提供涉及民生、旅游等115项问询、办理等服务事项。这些举措都凸显出基层党建工作在推动乡村治理转型过程中的重要作用。

再比如在污水整治的过程中，全村400多户中有90%以上需要进行卫生设施改造，要将卫生间独立分开，配备抽水马桶和洗脸盆。污水全部流入三格式化粪池，逐层过滤，最后渗出水用于庭院绿化灌溉。村内部分设施的改造，涉及部分村民的旧房屋及用地。一开始村民们大多认为工程过于烦琐，对于改用抽水马桶、改变卫生习惯等，表示很难改变，纷纷提出了反对意见。为了解决这些问题，村干部每天晚上挨家挨户做工作，一次又一次地上门，一遍又一遍地解释，终于打动村民们，使得工程顺利完成，解决了杨村200余户的生活污水处理问题。

总而言之，安吉县在推动基层有效治理的过程中，并不单单是停留在治理体系与治理能力的培育，更为关键的是统筹考虑了环境保护、经济发展、文化创新等问题，从而使得基层治理有效性能够得到维持。美丽乡村建设是一项产业经济、生态环境、精神文化、物质生活、综合治理"五位一体"的系统工程，这项工程以集体经济的支持为基石，以基层党组织和村民委员会的有效综合治理为抓手，将五条脉络拧成一股绳，互相促进，取长补短。杨村以美丽乡村建设为契机，实现了农村基层治理格局的重塑。村庄通过积极培育农村经济和社会组织，拓展农村居民社会参与的渠道，发挥其在乡村治理中的主体性作用，这也是保障乡村治理转型的一种制度创新形式。杨村的治理实践路径很好地为我们诠释了何为"共建共治共享"的治理格局。

第四节 乡村建设中的社会文化建设

文化子系统是由农村的自然和文化条件形成的相对独立、完整的空间。在这个空间中，各种文化相互联系、相互融合，形成了独特的地域文化体系。乡村文化建设是乡村社会的基本精神面向，同时也是美丽乡村建设的精神保障。美丽乡村建设实际是集生产、生活、生态、文化等多要素于一体的系统工程，而文化子系统在其中起着重要的整合作用。推进农村文化建设与繁荣，是解决城乡文化发展不平衡、农村文化发展不充分问题的关键。同时，它还可以增强人们的满足感、获益感和幸福感，回应人们对美好生活的需求。同时，一个繁荣发展的文化也是实现农村习俗文明和有效治理的重要基础。在社会转型的阶段，农村文化建设本质上是对传统文化的继承以及创造性发展过程。在美丽乡村建设中，文化建设是保持乡村发展活力和创造力的根本和灵魂。因此，美丽乡村建设要注重挖掘、保护和传承传统乡村文化，恢复乡村本身的文化底色与文化功能。

一、社会发展

（1）民生改善。美丽乡村建设的出发点和落脚点是促进农村社会的可持续发展。安吉县在美丽乡村建设中，把提高民生质量作为农村公共服务建设，积极保障农民的基本生产生活。安吉县为了有效提高农民的生产生活水平，高标准推进农村基础设施建设。针对农业生产发展中基础设施建设薄弱、抵御自然灾害能力不足等问题，安吉县逐渐加大了财政投入力度，向通公路、安全饮水、电网升级、通信覆盖、水利设施整治等基础设施建设倾斜。除了专项的财政投入外，安吉县积极引导市场及外部社会资源要素向发展薄弱的农村流动，着力解决部分地区依旧存在的基础设施老旧、建设水平低、现代农业支撑能力不足，以及基本公共服务供给相对不足的问题。安吉县以民生改善工程为重点，推进农业基础设施升级，降低农业成本，提高农业效益。安吉县不断加强农业基础设施建设，尤其是水、电、道路和网络等，在此基础上也提升了各类农业资源的利用率，进而有力地推动了农业标准化基地的建设与发展。安吉县不断加大对农村基础设施建设的投入力度，在自然村庄村道路硬化、加快农村饮水安全，农村电网改造升级工程等方面取得了显著成绩，实现农村电力供应完全覆盖，解决农村饮水的问题，此外还促进农村"智慧农村"宽带等项目建设，提升村民的生活质量。此外，安吉县着力推进城乡一体化发展，逐步推进城乡公共服务和基础设施均等化。根据各乡镇的实际情况和实际需求，建设幼儿园，配套养老、金融等公共服务设施建设，提高农村公共服务水平。

安吉县在美丽乡村建设中坚持民生优先，共享发展成果，始终将村民视为最重要的主体，着力解决农民最关心、最直接、最现实的利益问题。以安吉县的杨村为例，杨村村民每年年底能够享受到村集体经营性收入的集体分红，分红的结果是让村民与村集体的利益捆绑得更加牢固，在这种情况下，基于民意共识而形成的内部规范自然能够对村民的行为产生很好的约束效力。不仅村民的参与积极性被调动起来，村民的生活也得到了实际改善，村民唯有以实际行动参与并支持村庄和村庄产业的发展，自己才能够在年底分到更多的红利。杨村在改造村庄中把农民最关心的就业、教育、医疗、养老等一系列公共福利问题作为"利益激励"的关键，进一步提升了遵守村庄内生性规范的"含金量"。杨村村民除了能够享受到国家所提供的政策救助外，

第四章 "千万工程"与乡村建设

村集体还自主提供了更为完善的公共福利保障体系。

(2) 村民参与。农村社会的整体发展不仅体现在基础设施的完善和公共服务水平的提高上,还体现在社会主体对农村发展建设的参与上。村民是村庄建设的主体,要促进社会的内生发展,就必须最大限度地调动村民的积极性。农村社会通常是由同一家庭或不同家庭的成员以地域为基础共同生活在一起,因此村落既有地理共同体的特征,也有血缘共同体的特征。与此同时,随着市场因素的渗透,经济利益也成为农村社会的主要特征。作为理性化的小农,利益关系是乡村最重要、最复杂的社会关系,也是形成乡村社会结构和建立乡村社会关系的基础。安吉县在推动美丽乡村建设中,尤为注重农民群众的思想政治教育,培养农民群众的公民意识,增强农民群众的认同感和归属感。乡村社会的全面发展,离不开新型农民的培养和塑造,进而引导村民主动参与到对美好生活的建设之中,并切切实实保障好农民群众的参与权益。安吉县千方百计地贯彻落实以人为本的建设思路,不仅加大了对乡村的经济投入与强农惠农富农政策的支持,同时也构建了城乡融合发展的体制机制,这些政策与制度实施的目标就是要调动村民参与建设的积极性与主动性。产业兴旺、生活富裕、生态美丽、乡风文明的美好幸福生活,需要人民群众积极主动地去争取创造。乡村社会的整体发展及美丽乡村建设目标的实现,一定是在实现乡村有效整合的基础上,能够更好地激发乡村自身的发展活力与创造力。

(3) 组织参与。随着乡村对外开放的程度不断加深,各种外部的社会力量也在牵引着乡村社会的发展。安吉县在推动乡村发展过程中,注重培育乡村社会组织的力量。农村社会组织的存在,不仅扩大了农村社会公共服务的覆盖面,而且丰富了农村公共服务的类型和功能。安吉县大力培育服务性、公益性、互助性农村农民社会组织,以实现调动和激发村民参与的积极性和创造性的目标。社会组织作为农村建设的重要主体,能够提供行政政府和理性市场所不能提供的公共服务。安吉县不断增强乡村自组织的创新能力,积极发挥其作为推动社会主体积极参与村庄建设的关键作用。农村社会组织在动员和组织村民参与、为农民广泛参与自治提供渠道和平台方面具有独特的优势。对于社会组织较少的村庄,安吉县通过购买社会工作服务为其孵化社会组织，引导农民按照一定的目标组织起来，成为独立自主的独立组织。安吉县通过完善组织结构、扩大组织规模、制定规章制度等方式，引导社会组织创建积极性较高的村庄提高发展水平，完善社会组织职能。具体来说，安吉县加强乡贤理事会、监督委员会、村民代表监督小组及新乡贤队伍等基本组织的建设，同时也注重提升乡村妇女组织、共青团队伍、老年协会等既定群体的建设水平，并积极加强农村文化、体育、志愿者队伍等群众组织建设，建立起了组织化、制度化、规范化的运作机制。安吉县积极降低准入门槛，及时赋予乡村社会草根组织以合法性，同时还为社会组织提供技术指导、优惠政策扶持。

为了提升群众的自我管理意识，杨村在美丽宜居示范村建设过程中，对村庄环境的长效管理制度进行探索和创新，召开村妇女队长、村民组长、党小组长、村民代表会议等多个层面的会议，并结合村情自主推行业主委员会管理机制。

（4）制度约束。杨村内的所有大型工程项目、重大决策均采用"五议一审二公开"制度，指村党支部提议、村"两委"商议、党员大会审议、村民代表大会决议、群众公开评议，提交乡镇（街道）审核，最后将决定和结果进行公开。通过执行这一公共制度，对于村内所有项目的开发建设，党员、广大村民知晓率和参与度进一步提升，减少矛盾的产生，也能更好地发挥党员作用。以维护农民群众的根本利益为出发点，进一步健全民主决策机制，规范村级重大事项决策程序，村内重大事项都通过这样的民主方式进行决策，主要包括：①本村经济和社会发展规划、村庄建设规划和年度重点工作计划的制订；②村内年度财务预决算和日常管理中的重大财务支出；③村集体经济项目的规划、立项、承包方案及有关资金的筹集，集体经济所得收益的分配使用；④村集体土地、房屋等集体资产的处置、承包、拍卖、租赁和调整，征用、征收土地各项补偿费的分配和使用；⑤村级道路、水利、自来水、文化、教育、卫生等公益事业建设的方案、经费筹集方案和建设承包方案；⑥村民自治章程和村规民约的修订完善；⑦其他涉及村集体和村民利益的重大事项。

二、文化创新

（1）文化内核。在城市文化与价值观念的强势冲击下，乡村文化受到了强烈的冲击，但乡村社会仍然表现出很强的内部延续性和外部适应力。农村文化仍然是以村庄为基本的延续与发展单位，这种文化内核是村庄面对外部环境侵蚀却依然能够保留自身发展特色的关键所在。以农为本的时代，乡村文化具有天人合一的生产理念、家国同构的社会观念以及和为贵的处世之道。就其核心而言，乡村文化在面对外部主体时，通过发挥自身文化循环系统作用，将外部环境要素转化为自身发展的必要要素，即有针对性地对外部环境进行消化、选择和吸收。在这个过程中，村落凭借其强大的文化核心保持着自己的文化边界，外部因素被转化为自身存在的元素。文化内涵主要是在村庄共同体的基础上，基于血缘、地缘、政治和区域文化的集体记忆以及强烈的边界意识而形成的。这种文化让村里的空间边界和主体身份进一步加强，并实现了与外部世界的区别，凝聚了自身的文化力量，保留了其中的独特性和连续性。

除此之外，从村庄内部系统来讲，村民的日常生活、人际交往、风俗习惯等都会受到其文化内核的影响。村庄内部由于文化秩序的存在，往往会衍生出一种上下、内外的等级关系和支配关系，例如差序格局、分利秩序等，不仅仅体现在对内部成员社会交往的影响上，同时也直接对建设过程中内部资源的分配与使用产生影响。现代村落与外界的联系越来越紧密，文化的碰撞会促使村落寻找发展所需要的资源。在这一过程中，村庄的文化底蕴成为支撑其寻求外部政治、经济、社会力量支持的关键。

在城市文化不断深入乡村的背景下，例如市场资本逻辑的影响等，逐渐导致村民产生了功利化、理性化的价值认知和认同，出现了道德滑坡、生态环境被破坏等问题。乡村社会结构的变化和内部社会分化的加剧，导致社会关系网络的冷漠化和异化，乡村文化原有的凝聚价值被挤压。农民对乡村文化的情感疏离导致了乡村公共文化传承的断裂和消解。在城镇化进程中，能够发现很多村庄或是因为政策，或是因为"空心"等原因逐渐消失。农业生产和人口的消失，土地的浪费，古建筑的废弃，只是村落消失的外在表现。更深刻的是，乡村原有的农业生产生活方式、民间信仰习俗在传统与现代的碰撞中逐渐消失。许多村民不再像以往那样，能够在乡村文化活动中找寻共同的情感场域和交流载体，而是向往着现代文化活动和消费。乡村文化是支撑村庄多样化发展的内核，缺乏了文化内涵的支撑，乡村的多样性与丰富性将会受到极大程度的影响。针对乡村文化建设，安吉县在美丽乡村建设中着力解决了公共文化资源匮乏，基础设施不够健全，文化活动内容单一、形式简单等问题，制定了完善的政策引导机制，实现了文化交流的私人性扩展和延伸。以农家书屋、文化广场、活动室等为代表的现代乡村公共文化逐渐得到了村民的认同，激发了他们的参与兴趣与意愿，实现了公共文化活动的常态化开展。

农村文化作为一种村庄特质，塑造者虽然是历史传统、地域环境、人文风情等宏观因素，但是真正的推动力量其实是以村民为主体的实践者，正是通过发挥他们的积极性与创造力，才使得农村文化仍然保留着生机。传统乡村文化是以农耕文化为基础的乡村文化，乡村社会是其基本载体。中华民族的传统文化根植于乡村社会，这种文化传承以乡村地域为空间。美丽乡村建设作为促进农村发展的一项系统工程，需要以乡村社区和传统文化的挖掘与再利用为重点。乡村文化中的各种文化元素，如物质存在、习俗规范、精神信仰等，通过积极引导往往可以转化为美丽乡村建设所需的资源元素。安吉县在农村文化建设中，始终将文化传承创新作为基本目标和手段，重视文化的内核作用。作为一种重要的实践基础和利用资源，农村文化建设往往决定着美丽乡村建设的开展模式以及最后的实践成效。安吉县在美丽乡村建设中，以多元文化为基础，实行差异化发展，最大限度地尊重村庄不同的文化传统与特点。美丽乡村建设虽然是政府自上而下主导实施的项目，但是安吉县在实践的过程中并没有完全依靠政府的强制力来推动，而是在政策执行的过程中不断进行调试，以尊重并适应不同乡镇、不同村庄的多样化文化传统。除此之外，农村文化有着自身独特的运转逻辑以及发展规律，在美丽乡村建设中要避免一刀切的方案，尤其是不能与当地的乡村文化发展相脱节。

（2）文化传承。美丽乡村建设作为一项涉及多个系统的战略工程，其中文化建设是乡村振兴的重要方面，也是解决基层社会主要矛盾的抓手之一。农村传统文化涉及"仁""义""诚""敬""孝""忠""礼""和"等理念，这些理念本身就暗含着国家建设经济、政治、文化、环境等各个系统维度。这些观念不仅植根于传统乡村社会，同时也是与社会主义核心价值观相贯通的因素。村民在日常生活中，会在村庄的公共空间内进行社会交往与文化交流，这种交流形塑了村庄的公共文化空间，这也是乡土文化和智慧的集中体现。安吉县重视并支持农村公共文化空间建设，着力打造完善的公共文化服务体系，积极鼓励农村文化人才和非政府文化组织加入乡村文化建设，它不仅可以保护原始农村公共文化空间，而且可以为储备人才和农村文化的继承与发展创造空间。农村文化传承不仅是一项惠民的文化工程，而且在农村居民的文化福利和农村文化治理中发挥着独特的作用。为了在农村地区提高公共文化服务的效率，安吉县进一步优化基层公共文化资源的分配，并集中创设功能多和体验性强的不同类型的公共服务，整合信息服务、科学普及和文化娱乐等不同类型的宣传服务。当前乡村社会建设的重点除了要构建多类型的公共文化空间，同时也需要激发村庄的文化自主性。为了保证上述目标顺利实现，安吉县集中进行了制度创新，创新公共品供给模式和公共空间运行机制，进而形成了政府、市场和乡村社会三方合力，尤其是鼓励探索制定吸引社会力量参与文化建设的政策。

安吉县各级政府在实践中充分关注基层群众的文化需求，通过政府主导、市场化运作、社会力量广泛参与的多方联动、多方协同的文化建设体制，在实践中建设一批个性化、综合性的农村公共文化空间。作为富有标本价值和典型意义的农村文化，在推动经济发展、保护生态环境以及推动乡村建设等方面发挥着独特作用。为了满足农民日益增长的精神文化需要和符合农村文化发展实际，浙江省委、省政府集中推动了"农村文化礼堂建设"。安吉县并没有将文化建设停留在"面子"工程建设上，而是将其作为农村文化建设的重要平台。安吉县整合各方力量，激活乡村文化资源，增强乡村文化功能。文化礼堂除了作为丰富村民文化生活、供村民娱乐的重要场所外，也是乡村文化传承的重要平台。在农村文化礼堂的活动中，村民们不仅能了解到身边好人和最美人物的先进事迹，同时也能参与农村精神文明创建和乡风评议活动。在农村文化礼堂中，村民不仅可以定期免费观看政府提供的电影、戏剧、非物质文化遗产表演等，还可以选择自己感兴趣的公共文化服务产品。文化礼堂要想真正发挥作用，就需要与村民的日常生活相结合，成为村庄历史、道德美德、时事政策等的宣传平台。此外，安吉县还将文化礼堂作为有效开发区域民间技艺、管理农村文化资源的重要场所。村民在文化礼堂可以自主选择自己需要的服务，大大扩展了礼堂的服务功能。文化礼堂定期举办村级活动，如村民自行设计、指导的活动，贴近群众生活、反映群众善举的活动。概言之，文化礼堂建设成为提高农民群众文明素质的关键平台，同时也极大地发挥了推进乡村移风易俗的功能。

总而言之，农村公共文化平台的构建为传承乡土文化、培育现代文化精神、保障农民文化权益和实现乡村文化治理打下了基础。农村文化的传承既具有人文道德价值，同时也是对千百年来乡村智慧和经验的传承。安吉县通过开展"拯救老屋行动""乡村文脉重寻，诗词重吟""手工艺传承""乡村民俗节庆""地方戏曲"等乡村文化复兴和乡愁重忆活动，让村民在对共同的民族传统、生活方式、文化精粹、人文精神的体验认知过程中，获得潜移默化的文化熏染，进而实现了对村庄历史文化的认同感，有助于提升村民们的文化自觉、文化自信和文化自强，进而激发文以化人、文以教人、文以成人的内在力量。

（3）文化创新。农村文化建设不仅仅是对传统文化的传承，更重要的是对文化的创新与再创造。文化系统就其内部而言，也不是一个封闭的系统，它有着文化生长的规律，这种规律在与内、外部环境的交流中，或延续，或创新。对文化传统的挖掘与再创造，正是农村在现代化过程中呈现差异化发展的关键。文化创新涉及历史记忆、文化认同、情感归属等要素，其目的是实现乡村文明的再生产，进而推动乡村持续发展。安吉县在推动农村文化传承的基础上，通过激发村庄的内生动力，实现乡村文化的推陈出新和与时俱进，进而能够适应新时代文化发展的需要。安吉县一方面重视对乡村传统优秀文化的挖掘，并努力使之和村庄文化基因与现代文明相融合、与现代社会相协调,另一方面也注重继续和发展相融合的过程,推动乡村文化的创造性转化和创新性发展。

在挖掘农村文化的过程中,能够把文化传承与其他资源相结合。乡村文化资源丰富,文化发展潜力巨大,这既是安吉美丽乡村建设的优势所在,又是安吉农村经济社会持续发展的关键。安吉县将传统村落的整体保护和可持续发展作为乡村文化建设的重点,在全县范围内积极保护和发展具有历史记忆的美丽村落。美丽与文化的结合成为乡村文化创新的关键突破点。在区域竞争日趋同质化的形势下,不同村落的文化底蕴成为村落应对外部挑战、培育农民身份认同感和乡土情感的载体。在县域内,安吉县将自然环境、农业景观与乡村文化活动有机结合,打造了一批生态与文化相结合的文化经营品牌。"竹文化"以安吉县原有的生态自然景观为基础,融合农、林、牧、渔生态平衡系统,如今已成为人与自然和谐共生的农业文化品牌。只有建立在独立文化个性基础上的经营,才是寻求树立生态文化品牌的突破口,进而提升文化产品的竞争力。安吉县在挖掘农村文化的过程中,尤为注重深挖,把一些文化资源重新利用起来,做好经营的文章,例如民间的竹文化、传统手工艺文化等,这样既增加了村民的收入,同时也让普通民众受到更好的文化熏陶,促使他们主动走进大山的深处,在接触自然和文化资源的过程中,培养保护山区文化资源的意识。安吉县将挖掘出来的文化资源与经济发展、环境保护进行了有效结合,推动村民积极主动地参与到农村文化建设之中。

安吉县着眼于提升公共文化服务均等化、标准化水平,精心塑造"美丽安吉文化风景",精细布局优雅竹城"文化街景""风情小镇",整体推进具有典型示范作用和品牌引领价值的文化全景、文化风尚。在特色文化小镇建设中,既重视文化作为产业资源的运用,也突出文化的凝聚引领作用,以展示馆、文艺创作、文化活动等集中呈现相应文化类型,为农村文化建设赋予了源源不断的创新动力,注入文化之魂。杨村采用"因地制宜""移步换景"的思路,充分利用本地自然环境生态优势和当地人文、历史、传说等资源,以李家自然村的房屋墙面、院落围廊作为创作载体,邀请专业3D艺术画设计制作团队进驻村里,进行3D艺术画的创作。这个团队里既有村、街道的相关专业人员，比如负责规划、设计、施工的工作人员，又有其他从事创作的艺术工作者。一幅幅栩栩如生的3D艺术画"跳"上了农房、围墙，包含了时空的渐变、孺子牛等十多个主题，将中国美丽乡村内在的自然诉求、人文关怀和现代3D画的表达方式及艺术趣味相结合，构成一幅幅雅致灵动的画面。此外，文化团队每周开展讲座，教导村民如何艺术地生活，村民也可以拿着家里的图纸找设计师帮忙设计。

总之，文化建设能引导村民树立正确的生态文明理念，建立先进的生产方式、健康文明的生活方式和科学的消费方式，同时也能提高农村生态文化的群众性、实用性、先进性。概言之，安吉县将乡村传承与保护和其他资源加以融合发展，既是贯彻新时代背景下对乡村文化建设的新要求，同时也是激发乡村内生发展的关键动力。

第五章 "千万工程"与乡村治理

第一节 党建在"千万工程"乡村治理方面的突出作用

一是加强党的全面领导。完善落实 1 位"一肩挑"主职干部+副书记、副主任+若干位村"两委"成员的"1+2+X"村级领导新体制,建立健全村级组织工作规则、村级组织阳光治理工程意见、村社党组织书记县级党委备案管理规定、不合格村社干部处置规定、"一肩挑"村干部监督管理办法、村干部基本报酬管理规定的"1+1+4"政策体系。高质量抓好村社干部的配备,实现 70.6% 的村有 1 名以上全日制大学生。实施新时代"领雁工程",落实村党组织对乡村治理集中统一领导。

二是建强基层战斗堡垒。高标准落实"浙江农村基层党建经验二十条",深入实施组织力提升工程、"百县争创、千乡晋位、万村过硬"工程,推动 100 多个县(市、区)及开发区集聚区、1 300 多个乡镇(街道)、2 万多个村社争先创优、全面创强,不断把党的组织优势转化为治理效能。

三是筑强最小治理单元。深入推进县级社会治理中心、乡镇(街道)"基层治理四平台"、村社网络框架下党建统领网格智治,打通乡村治理"神经末梢"。全省网格数调整优化为 8.5 万个,细化微网格 45 万多个,形成"村(社区)-网格-微网格(楼道、楼栋)"三级治理架构,按照 1 名网格长、3 名网格指导员、N 名网格包联服务人员的"1+3+N"模式配备网格力量 84.5 万人。

第二节 增强乡村自治功能

一、规范村级组织工作

村级组织指的是农村基层组织，是设在镇（办事处）和村一级的各种组织，包括基层政权、基层党组织和其他组织三个方面，主要有村党组织、村民委员会、村团支部、村妇代会、村民兵连及"两新"组织（"新的经济组织"和"新的社会组织"），在推进农业农村现代化建设和城乡一体化建设过程中，占据了十分重要的地位，并发挥了巨大作用。

当前村级组织工作方式主要表现为以下几种类型。一是经验型。有的村议事规则和程序不健全，有些甚至落后于新的形势，仍习惯于凭经验、按惯例办事，村"两委"成员由于总体上文化素质低下，仍制约着村干部学习知识、认识事物、分析问题等能力的提高，对新时期农村工作缺乏必要认识。二是随意型。没有建立或执行相应的规章制度，或者使制度仅流于形式，没有得到很好落实，工作无目的、无计划，办事无主张、无原则，对村级组织的工作或敷衍了事，或置之不理，"脚踏西瓜皮，滑到哪儿算哪儿"。三是任务型。村两委会职责不明确，不具体，只把乡镇下达的任务当作村里工作的全部，缺乏开拓创新能力和特色，不是积极寻求发展机会，而是"守株待兔"。

要规范村级组织工作事务。清理整顿村级组织承担的行政事务多、各种检查评比事项多问题，切实减轻村级组织负担。各种政府机构原则上不在村级建立分机构，不得以行政命令方式要求村级承担有关行政性事务。交由村级组织承接或协助政府完成的工作事项，要充分考虑村级组织承接能力，实行严格管理和总量控制。从源头上清理规范上级对村级组织的考核评比项目，鼓励各地实行目录清单、审核备案等管理方式。规范村级各种工作台账和各类盖章证明事项。

推广村级基础台账电子化，建立统一的"智慧村庄"综合管理服务平台。

将提高村干部的综合水平作为推进村级组织工作规范化的重要抓

第五章 "千万工程"与乡村治理

手。村干部是村级组织中最活跃的因素，是团结带领农民群众全面建成小康社会的骨干力量，村干部综合素质的高低关系到党在农村各项方针政策的能否得到贯彻落实，也直接决定了村级组织各项工作机制是否有效。所以要始终把提高村干部的综合素质作为推进村级组织工作机制规范化建设的一个重要抓手。第一，强化教育培训，提高综合技能。建立干部上岗培训和在岗轮训制度、思想谈心制度等，坚持按季度对村干部进行政策、法律、法规轮训，利用村电教点定期组织村干部收看党员电教片、农业科技讲座和农家科技节目，并由乡党政班子成员对所联各村的村干部进行谈话谈心，交流思想，提高认识。第二，选派干部到村任职，增强村干部队伍活力。帮助村干部转变工作方式、思维方式和领导方式，适应新时期农村工作需要，充实村干部队伍，规范村级工作运作，加快村级后备干部的培养。第三，建立村后备干部队伍。由乡组织、纪检部门会同各行政村通过笔试、面试程序建立村级后备干部队伍，对其进行动态管理，每个村确定重点培养对象。第四，利用结对帮扶，加强干部交流。为开阔视野，拓宽思路，改变传统的思想观念，建立互访互学制度、挂职锻炼制度等，经常性的交流不仅增强了感情，促进了工作，并且使山区村干部增长了才干。

规范阵地建设，提高组织战斗力。按照"坚持标准、因村制宜、量力而行"的原则，根据各村人口规模、基础条件、经济能力等实际，以"一事一议"、层级示范抓引领等工作为依托，分类实施党建阵地建设。在硬件上，统一"八室"标准（即党员活动室、村民议事室、便民服务室、村民阅览室、远程教育室、治安调解室、卫生室、档案室），配齐电脑、投影仪等硬件设施，悬挂党旗，并做到政策公开、村"两委"班子成员岗位和服务承诺公开"三上墙"；在软件上，将"三会一课"、党员学习、民主生活会、党员的权利和义务等规章制度统一上墙，建立台账，改善党建阵地的整体面貌。

规范议事决策，增强工作透明度。一是明确和理顺村党支部领导核心、村监委会监督者的关系，确保按规矩认真履职。二是遵循党组织提议、"两委"会商议、党员大会审议、村民代表会议决议、"两委"班子组织实施五道程序，镇（街）内对商议形成的决定方案把关、对审议决议程序把关、对实施的财务收支情况"审核"把关，然后公开实施方案、公开过程结果，最后执行契约化管理，以此确保决策民主、过程透明、结果公正。三是落实民主监督，充分发挥村监委监督职能，强化党务村务活动监督，不断提升村级工作的透明度。同时，畅通党员群众监督渠道，通过村民代表大会、书记信箱、说事室等方式，促进党员群众参与议事决策，表达诉求，推进基层民主建设。

规范便民服务，提高办事效率。针对百姓反映的办事难、对惠民政策不了解等问题，建立便民服务大厅，采用"一站式服务"原则，将事关群众的民政、财政、社会保障等部门集约到一间服务大厅，方便群众咨询惠民政策，切实简化办事程序，将群众切身问题摆到服务大厅，方便归类，让群众少跑冤枉路，一站式解决群众的问题和疑问。此外，积极完善代办制度。针对村离镇政府路程较远等实际问题，根据群众意愿，成立群众办事代办点，确立村"两委"班子成员或包村工作队干部为代办人，并对村民需要代办的事项进行梳理归类，明确了农保缴费、政策咨询、公益服务、民情诉求等代办或协办范围，避免了"无力办、胡乱办、办不好"的问题发生。同时，设立"代办服务联系电话""党群干群联系卡"等工作载体，开展"代办服务全覆盖"等特色实践活动，提高代办服务工作效率，实现群众"办小事不出村、办大事不出镇"的愿望。

规范村务管理，增强发展能力。围绕规范村级干部的履职行为、发挥村委会承上启下的作用、提升党员干部服务群众的能力三个方面，制定推行了"三单两书"制度，即村党组织书记责任清单、村委会权力清单、农村党员干部负面清单以及签订竞职承诺书和纪律承诺书，进一步明晰权责，强化监督，确保在农村工作合理规范化运转。一是列出村党组织支部书记责任清单，采取表格的形式公开党组织书记三大类九小项责任清单，将党建工作内容具体化、量化，让村书记明白党建工作抓什么、怎么抓；二是制定权力清单，让村民委员会"法无授权不可为"，清单含括各类惠民补贴标准、补贴金额、分管站所等内容，并将清单的办理流程等具体事项在便民服务大厅公示，确保公开、公平、公正；三是出台党员干部负面清单，收录包括作风建设相关规定、党员干部做人准则、做事规范等内容，明确党员干部"不该做、不能做、不准做"的纪律底线，规范约束农村党员干部日常行为。"两书"即竞职承诺书和纪律承诺书。以村"两委"班子换届为契机，要求竞职人员签订竞职承诺书和纪律承诺书，在确保公正、公开、公平的同时，要求竞选人列出村"两委"班子"三年任期目标"以及"惠民实事工程时间表"。明确一届工作目标及每年民生实事推进情况，有助于村班子理清思路重点，落实目标任务，强化责任担当，也让群众一目了然知道村干部要干什么，干得怎么样，进一步强化监督机制。

二、增强村民自治组织能力

村民自治形成于改革开放之后，尽管这一时期农村与城市之间的流动加剧，但是城乡二元结构依然没有改变，农村与城市之间的差距愈来愈大。特别是农村的教育水平与城市相距甚远，导致农民的整体素质，特别是文化素质不高，而民主的运行与农民文化素质的高低紧密相关。文化素质对农民的束缚导致了农民的表达、监督和合作能力缺乏。民主的核心动力在于公民的积极参与，村民自治良性运作的必要条件也是作为参与主体的农民有序的参与。然而由于机制不健全，诉求表达渠道不畅通，农民的利益表达能力欠缺，合作能力不足，参与成本过高等，农民对"民主选举、民主决策、民主管理、民主监督"普遍呈现出参与过度和参与不足两种截然不同的现象。部分村庄精英利用自身的政治和经济优势，干预村庄选举和管理，结果导致自治失序；还有部分普通村民受能力的限制，政治效能感较弱，导致参与冷漠。由此，村民自治陷入能力困境。

要增强村民自治组织能力。健全党组织领导的村民自治机制，完善村民（代表）会议制度，推进民主选举、民主协商、民主决策、民主管理、民主监督实践。进一步加强自治组织规范化建设，拓展村民参与村级公共事务平台，发展壮大治保会等群防群治力量，充分发挥村民委员会、群防群治力量在公共事务和公益事业办理、民间纠纷调解、治安维护协助、社情民意通达等方面的作用。

农村和农民群众既是实施乡村振兴战略的主阵地和主要对象，又是主体力量。在乡村振兴阶段，组织部门要结合工作职能，围绕乡村振兴重点任务，以自治为基础，增强村民自治组织能力，完善村民议事决策主体和程序，创新自治形式，落实村规民约，推动乡村治理重心下移，形成村党组织领导的充满活力的村民自治机制，为乡村振兴提供坚强组织保障。

加强村民自治组织建设。健全党组织领导的村民自治机制，完善村民（代表）会议制度，推进民主选举、民主协商、民主决策、民主管理、民主监督工作，进一步加强自治组织规范化建设，完善群众参与基层社会治理的制度化渠道，健全党组织领导的自治、法治、德治相结合的基层治理体系，健全社区管理和服务机制，推行网格化管理和服务，发挥群团组织、社会组织作用，发挥行业协会商会自律功能，实现政府治理和社会调节、居民自治良性互动，夯实基层社会治理基础。

完善村民议事决策主体和程序。健全村级议事协商制度，形成民事民议、民事民办、民事民管的多层次基层协商格局，创新协商议事形式和活动载体，依托村民会议、村民代表会议、村民议事会、村民理事会，村民监事会等，鼓励农村开展村民说事、民情恳谈、百姓议事、妇女议事等各类协商活动，全面实施村级事务阳光工程，完善党务、村务、财务"三公开"制度，实现公开经常化、制度化和规范化，梳理村级事务公开清单，及时公开组织建设、公共服务、脱贫攻坚、工程项目等重大事项。健全村务档案管理制度，推广村级事务"阳光公开"监管平台，支持建立"村民微信群""乡村公众号"等，推进村级事务及时公开，坚决落实"一事一议""四议两公开"等基层议事制度。推进村务监督委员会建设，规范职责权限、监督内容、工作方式，提高村务监督工作的水平和实效，规范村级会计委托代理制，加强农村集体经济组织审计监督，开展村干部任期和离任经济责任审计。

落实村规民约，弘扬公序良俗。加强村规民约制度，强化党组织领导，实现村规民约行政村全覆盖，依靠群众结合实际制定村规民约，提倡把喜事新办、丧事简办、弘扬孝道、尊老爱幼、扶残助残、和谐敦睦等内容纳入村规民约，以法律法规为依据，规范完善村规民约,确保制定过程、条文内容合法合规,依法维护好村民合法权益,建立健全村规民约监督和奖惩机制,注重运用舆论和道德力量促进村规民约有效实施,发挥红白理事会等组织作用,建立婚丧事宜报备制度,加强纪律约束。

拓展村民参与村级公共事务平台,发展壮大治保会等群防群治力量,充分发挥村民委员会、群防群治力量在公共事务和公益事业办理、民间纠纷调解、治安维护协助、社情民意通达等方面的作用。打造共建共治共享的社会治理格局,必须坚持不断发展壮大治保会等群防群治力量,充分利用乡村各类群团组织优势,团结、带领群众积极发展生产,维护农村社会公序良俗。加强群防群治队伍建设,发展壮大专职防范力量。在市场经济条件下,专业化的群防群治队伍是治安防范的生力军。充分调动群众积极性,营造人人参与的良好氛围,要开展多种形式的教育培训,提升群众知法懂法、用法守法的主观意识,重视日常矛盾的排查与化解,推动构建"合作共治"的大格局。

三、丰富村民议事协商形式

农村议事会是指在农村通过党员和村民代表推选出的5~9人的农村事务会商议论小组。它是按照村民人数多少产生出的群众性非正式组织,其成员多是德高望重的老村干部或有智谋、善监督的本村村民。其主要任务是在村党支部和村委会的领导下,对现任村干部决策村内大事之前进行调研论证,在决策之中进行献计献策,在决策之后进行实施监督。如,农村在进行农田水利建设、道路维修、植树造林等重大事项和村财务管理制度、村规民约的制定修改完善之前,一般都要经过农村议事会先行议事,广泛征求各方面意见后,再行展开。

2020年11月20日民政部办公厅印发《关于开展村级议事协商创新实验的通知》(简称《通知》)援引民政部基层政权建设和社区治理司负责人就村级议事协商创新实验有关情况答记者问,习近平总书记多次强调,要按照协商于民、协商为民的要求,大力发展基层协商民主,重点在基层群众中开展协商。为推进村级议事协商深入开展,党中央、国务院以及各地各部门,出台了一系列加强村级议事协商的政策性文件,回答了哪些方面"要为"的问题。如2015年,中办、国办印发《关于加强城乡社区协商的意见》，明确了在村（社区）开展议事协商的具体要求；2019年，中办、国办在《关于加强和改进乡村治理的指导意见》中对"丰富村民议事协商形式"作出专门部署。目前，村级议事协商已经以不同形式普遍开展起来。但随着乡村振兴战略的全面实施，亿万农民群众对美好生活的追求有了更多期待，对行政村层面"如何为"的问题提出了新的更高要求。

开展村级议事协商创新实验，就是要引导各地：一是在相关制度建设上出新招，提升村级议事协商的可操作性和规范性；二是在深化村级议事协商实践上出实招，把村级议事协商贯穿村级事务决策制定和实施的全过程，解决好事关农民群众切身利益的问题；三是在破解制约村级议事协商深入开展的关键问题上出硬招，拓宽农民群众参与乡村治理的制度化渠道。总而言之，就是要达到《通知》提出的，为各地推进村级议事协商制度化、规范化和程序化提供可复制可推广的经验的目的，进一步增强村级议事协商在乡村治理实践中的活力和效用。

健全村级议事协商制度，形成民事民议、民事民办、民事民管的多层次基层协商格局。创新协商议事形式和活动载体，依托村民会议、村民代表会议、村民议事会、村民理事会、村民监事会等，鼓励农村开展村民说事、民情恳谈、百姓议事、妇女议事等各类协商活动，是形势发展的必然要求，是大势所趋，更是农村治理的必由之路。

村民议事协商从四个方面彰显其对推动乡村治理的重要价值。

有助于促进基层民主政治发展。协商民主不仅是实现党的领导的重要方式，还是我国社会主义民主政治的特有形式和独特优势，从各层次、各领域扩大公民有序政治参与，是拓展协商民主实践场域的必然要求。从组织建设的角度看，农村因为规模小、人口较少、统战工作任务轻等因素，《中国人民政治协商会议章程》规定，省、自治区、直辖市设中国人民政治协商会议的省、自治区、直辖市委员会；自治州、设区的市、县、自治县、不设区的市和市辖区，凡有条件的地方，均可设立中国人民政治协商会议各该地方的地方委员会。没有规定在乡镇、街道、农村设立政协组织，但这不代表协商民主工作不需

第五章 "千万工程"与乡村治理

要向基层拓展。党的十九大报告明确指出，发挥社会主义协商民主重要作用，统筹推进政党协商、人大协商、政府协商、政协协商、人民团体协商、基层协商以及社会组织协商七种重要协商渠道，其中基层协商、社会组织协商是必不可少的关键环节。在中国乡村，村民委员会是基层群众性自治组织，也是国家基层政权联系乡村群众的重要纽带。其在承担管理乡村各项政治、经济、文化和社会事务等相关职能的同时，肩负着实行民主选举、民主协商、民主决策、民主管理、民主监督等一系列工作。这意味着，在进一步推进乡村治理现代化的过程中，必须健全党组织领导的村民自治机制，加强村民自治组织建设，同时配合以形式丰富的村民议事协商活动，将社会主义协商民主贯穿于乡村治理的全过程、全方位。

有助于充分保障村民民主权利。有事好商量，众人的事情由众人商量，是人民民主的真谛。将选举与协商有效结合，是中国社会主义民主政治建设的宝贵经验。时至今日，中国村民选举的程序愈发制度化和标准化，但在实践中乡村民主依然存在很大差异，特别是在一些落后地区，村民对农村公共事务的管理、决策和监督仍然缺位。推动乡村治理现代化，进一步深化乡村改革，破解"三农"发展瓶颈，提高农民收入，全面改善乡村面貌，须充分凝聚村民力量，且这一过程必须以保障村民民主权利为基石。在以往的乡村自治组织中，村委会成员和主任由村民选举产生，但是基于选举民主本身的内在缺陷，如何保障乡村公共事务和资源分配过程中村民的决策意见被合理吸纳，成为乡村治理现代化过程中不可回避的重要问题。丰富村民议事协商形式，就是要把协商民主引入乡村，是对乡村民主形式的重要补充。目的是充分保障村民的管理权、决策权、监督权等一系列民主权利，将民主贯穿于村民日常生活的每时每刻，解决好关系到村民切身利益的各种问题，避免不必要的社会冲突。

有助于推动完善乡村协商民主制度建设。健全村级议事协商制度，形成民事民议、民事民办、民事民管的多层次基层协商格局，推动乡村治理现代化的重要举措。乡村协商民主制度不是空中楼阁，它是村民在议事协商实践中产生、发展并走向成熟的。20世纪我国就已经开始了村民议事协商的相关工作，但至今在一些乡村仍存在一定程度的超范围议事、不合规议事、违背群众意愿议事的现象。表面因素在于部分村干部民主意识淡薄，缺乏依法办事理念，对政策、法规吃不透，工作中经验主义色彩重，习惯大包大揽。从根本原因来看，是村民议事协商过程缺乏制度化、规范化、程序化。就目前来看，已经有不少地区在村民议事协商的实践中逐步开展制度建设。如村民议事会制度，定期组织村民参与乡村重大事项的决策讨论；议事监督制度，形成监督网络，定期收集村民反馈意见。除此之外，不少地区对议事协商的内容和边界有了进一步的规范和明确，如对村民普遍关注的实际困难问题和矛盾纠纷，涉及民生改善的公共事务，牵扯到乡村集体资源、资金使用分配的问题必须议；对明显违反党纪国法，明显带有歧视性、不公正的事项绝不议。村级议事协商制度的不断健全，是丰富村民议事协商形式的重要保证，对实现工作程序的规范化，岗位责任的法规化，管理方法的科学化有重要推动作用。丰富村民议事协商形式，不断开展议事协商实践，也是促进乡村议事协商制度形成并走向成熟的关键。

有助于激发村民参与议事协商的积极性。推动乡村治理现代化，要不断探寻人民群众喜闻乐见的议事协商形式。就目前来看，村民议事协商积极性还有待进一步被激发。从乡村人口构成特点来看，不少农村外出务工人员众多，留守的大多为老弱人群，该类人群参与议事协商的积极性普遍不高。甚至部分地区村民的利己思想较重，对自己有利的事情就议、否则不议，或者是对不满意的决议拒绝执行，加之部分村干部存在怕麻烦、怕惹事的"尾巴主义"思想，给乡村治理带来了一定阻碍。丰富村民议事协商形式，一方面须鼓励乡村开展村民说事、民情恳谈、百姓议事、妇女议事等各类协商活动，充分听取村民切身困难，针对不同的主体、事务开辟不同的议事形式，实现矛盾和矛盾主体的精准对接，避免村民出现"事不关己，高高挂起"的消极态度；另一方面，可以根据各乡村客观条件搭建多种协商平台，如在村内建立协商议事会议室、利用现代网络技术搭建即时协商平台等，实现"留守村民方便议，外出村民可以议"，把村民议事习惯从"议论纷纷"转为"纷纷议事"。

村级组织负责人的协商能力还需提高。涉及村民利益的事情，不论大小，也不论受益人群的众寡，理应由广大村民按照村民自治的原则来确定。然而，现实中，部分村级组织负责人与民协商议事的思想意识较为淡薄，"为民作主"意识较为浓烈，往往"代民作主"，自认为自己就代表了群众，不愿意与民协商；有的以个人喜好、个人利益为目标，掺杂私人恩怨、人情世故或个人利益，不敢与民协商；更多的是村级组织负责人片面地认为群众的参与意识不强、参与能力不足，不想与民协商议事。

村级组织在政策的宣传手段、宣传方式、宣传面上，以及对政策的理解上，都不同程度地存在不完全、不到位的地方，不与民协商议事，往往出现群众不支持、不配合的现象，久而久之，与群众形成了思想上的隔阂、行动上的偏差。村级组织负责人也就深感农村工作难做，群众思想工作难沟通等问题。

广大农民群众的协商能力还亟待加强。农村群众的利益选择性、现实需求性是客观存在的。于己有利则参与积极性高，无利则参与积极性低，甚至不愿意参与。加之，农村普遍存在的留守老人居多，参与村级事务的能力本身较弱。

提高农村群众参与议事协商的能力，首先在于提高其参与的积极性。坚持执行好村民议事协商制度，逐步形成民事民议、民事民办、民事民管、共建共享的氛围，特别注重吸纳在外务工群体的意见，让这些"当家人"代替留守老人参与议事协商，效果与作用更显。乡村振兴是解决"三农"问题的总抓手，既要依靠基层干部带头，更要组织和发动广大群众积极参与其中，把议事协商制度执行好，才能更好地落实好各项政策，共同形成空前强大的合力，加快农村全面发展。

四、实施村级事务阳光工程

阳光村务工程"建设，是以开展清产核资为抓手，建立完善农村集体资金、资产、资源"三资"委托代理服务机制。对村组集体"三资"进行全面清查，逐项登记，摸清底数，建立台账；以推行村级事务流程化管理为主线，规范和落实村级民主决策、民主管理机制。重点推广村重大事项由村党支部提议、"两委"会商议、党员大会或党员议事会审议、村民会议或村民代表会议决议，决议公开、实施结果公开以及村务监督委员监督的"四议两公开一监督"工作法；以建立村务监督委员会为重点，完善和强化村级民主监督机制。按照民主监督、权力制衡、公开透明、村民自治的要求，成立村务监督委员会，确保村级公共权力阳光规范运行。当前，随着农村改革开放的不断深入，农村经济社会发展日趋多元化，村级财务管理工作也渐渐复杂化。加强村级财务管理，提高村级会计核算水平，从根本上尽快解决村级财务核算中存在的问题，已成为摆在基层党委政府面前的一项紧迫任务。

坚持以公开为原则、以制度为核心、以监督为保障，建立完善村级民主决策、民主管理、民主监督的长效机制，大力推进"阳光村务工程"建设，是新形势下进一步加强农村党风廉政建设的现实需要，对深入推进农村改革发展、维护社会稳定具有十分重要的意义。

当前村级财务管理还存在一些问题。第一，财务公开力度不大。部分农村仍然存在财务公开随意性大、不规范的现象。有的虽然实行了财务公开，但敷衍了事，项目不齐全、内容不具体、财务公开时间随意。由于财务公开制度没有得到很好的实施，导致农民群众对集体家底摸不清楚，心中的疑团大，对村干部不相信，由此引起的群体性上访事件时有发生。第二，会计核算混乱。对于设置的财务制度不能认真执行，导致村级账目不能真实、清晰地反映有关资金的筹集、投入和分配情况。如会计科目的设置中出现"总收入""总支出"等不符合新会计制度的科目；在记账方法的使用上，一些村委会仍采用"增减记账法"；缺乏必要的内部控制制度，有些村委会连最基本的现金出纳制度都不健全，甚至村干部人人都可以收钱，人人都可以花钱，不受任何约束，白条抵库现象严重。第三，滥用集体资金。主要表现在村干部随意支配资金，资金使用缺乏有效的监督，挤占挪用现象普遍。有的村干部不将零星收入入账，乱花乱用征收得来的群众集资款，或公款私存，或侵占集体资产利息，或把公物占为己有等。村干部不能有效使用资金，造成了财务资金的滥用。有的村干部领导能力差，不了解市场行情，不知道如何使用村内的财务资金；有的村干部急于求成，不遵守市场规律，拿着上级拨的建设基金乱投项目。

开展"阳光村务工程"建设，需要做到农村集体资金、资产、资源家底清楚,各项管理制度健全,"三资"委托代理服务规范,资产、资源开发处置公开透明。民主决策、民主管理、民主监督制度健全落实,村级事务管理规范有序,农民群众的知情权、决策权、管理权和监督权得到切实保障。农村党员、干部按制度规定办事,违纪违法现象明显减少,损害群众利益的突出问题有效解决。

以开展清产核资为抓手,提高村级财务管理的认识。建立完善农村集体"三资"委托代理服务机制。按照全面清查、逐项登记、公示公开、不重不漏的要求,认真开展村级集体资金、资产、资源清理工作,摸清底数,建立台账。在清产核资的基础上,进一步完善农村集体"三资"委托代理服务,完善各项管理制度,建立健全村、乡村两级电算化管理网络,强化"三资"运行网上监督,全面提高电算化管理水平。健全完善农村集体资产出让、租赁、承包和资源开发利用公开竞价和招标投标制度,严格制度规定,规范操作程序,确保集体资产保值增值和集体资源有效合理利用。

开展广泛宣传,提高认识。充分利用广播、宣传单和村民大会等大张旗鼓宣传"村财民理乡代管"的重要意义,使干部群众认识到这项工作是从源头上预防和治理腐败的有效途径。通过宣传教育,消除干部群众认为"村财镇管"会改变村组财务管理自主权,集体资金被平调、挪用的思想顾虑,使村级财务"村财镇管"工作深受人民群众支持。

以推行村级事务流程化管理为主线,大力推进民主议事制度。规范和健全村级财务管理制度。为使村级财务步入规范管理轨道,必须严格按照财政部新颁布的《村集体经济组织会计制度》中规定的会计核算和账务处理要求,在资产、收支往来票据,科目账户设置,财务审计与民主理财等方面做到规范管理。规范和落实村级民主决策、民主管理机制。认真梳理村级重大事项和一般事务,按照健全制度、统一流程、规范操作、民主公开的要求,制定村级事务管理流程,全面实行村级事务流程化管理。重点推广村重大事项由村党组织提议、"两委"会商议、党员大会或党员议事会审议、村民会议或村民代表会议决议,以及决议公开、实施结果公开等管理办法,进一步完善民主决策机制,规范村级事务管理。充分发挥群众管理集体财务的积极性，坚持村党支部审议制度，村集体每年的财务预决算、经营项目的承包、集体资产资源的处理、集体公益事业项目经费的筹集、基建项目安排等重大财务活动必须征得村党支部讨论审议。

以建立村务监督委员会为重点，充分发挥民主理财的作用。完善和强化村级民主监督机制。按照民主监督、权力制衡、公开透明、村民自治的要求，整合现有村级监督力量，成立村务监督委员会，建立健全监督工作机制制度，推行村务"点题公开"、公开质询、听证和"双述双评"等有效做法，确保村级公共权力阳光规范运行。各级部门一定要认真履行好工作职责，规范财务公开制度，采取村民易于理解和接受的方式将农村集体财务活动情况及有关账目定期如实地向全体村民公布，并按照全县统一明确的农村财务公开的时间、内容、程序和方式搞好农村财务的公开，做到每笔开支都进行详细公布，接受群众的监督，提高民主理财的质量。

大力加强村级财务的审计监督，推行村级财务"镇管村用"。对农村离任的党支部书记、村委会主任、会计员、出纳员等干部在任职期间的所有经济活动进行审计；每年对村级财务的收支情况至少审计一次；对群众反应强烈的专项财务应逐项进行审计，审计结果在村务公开栏中向群众公开。如果在审计过程中发现村干部违反规定虚报、谎报的，或者用白条入账的一律要求退回该款，并给予相应的党纪处分，情节严重的依法追究刑事责任。"镇管村用"即在保证村集体资产收益"所有权、使用权、审批权"不变的前提下，村级财务统归镇的"村级财务代理中心"进行管理，财务管理制度进行逐步完善，并全面推行电算化管理。事实证明，全面推行"镇管村用"的管理制度，是彻底规范村级财务管理，促使财务真正有效公开，推动社会主义新农村建设的迫切需要。

第三节　培育乡村治理组织

一、如何"找到关键人"

习近平总书记在中央农村工作会议上强调，乡村振兴要靠人才、

第五章 "千万工程"与乡村治理

靠资源。要着力抓好招才引智，促进各路人才"上山下乡"，投身乡村振兴。当前我国乡村发展不平衡不充分的根本原因，是城乡二元体制以及由此导致的农业农村人才及劳动力的流失。与实施乡村振兴战略的内在需求相比，当前我国农业农村人才的规模、素质、结构、效能等都存在不小的差距。农业农村部调查数据显示，2016年末全国农村实用人才总量接近1900万，但占乡村就业人员总数的比例还不足5%。新型职业农民总量不足，年青后备力量缺乏，文化程度普遍偏低；基层农技推广人才"青黄不接"、队伍老化问题严重；县乡农业新产业新业态急需人才严重不足，特别是贫困地区、民族地区尤为突出，不能满足现代农业发展和农村产业扶贫的需要。实施乡村振兴战略，首要的制约因素是人才"瓶颈"。从各地涌现出来的各种类型乡村振兴典型来看，一个普遍的事实就是因为有一批懂农业、爱农村、爱农民的农村致富带头人，有一大批推广农业科技、引领现代农业发展、促进农村现代化的各方面优秀人才。

2021年2月，中共中央办公厅、国务院办公厅印发了《关于加快推进乡村人才振兴的意见》（以下简称《意见》），并发出通知，要求各地区各部门结合实际认真贯彻落实。《意见》明确了加快推进乡村人才振兴的指导思想、目标任务和工作原则。同时，《意见》从加快培养农业生产经营人才，加快培养农村二三产业发展人才，加快培养乡村公共服务人才，加快培养乡村治理人才，加快培养农业农村科技人才，充分发挥各类主体在乡村人才培养中的作用，建立健全乡村人才振兴体制机制，加强组织领导，强化政策保障等方面作出了具体部署。加快培养乡村治理人才方面，《意见》要求，加强乡镇党政人才队伍建设，落实乡镇工作补贴和艰苦边远地区津贴政策，以及艰苦边远地区乡镇公务员考录政策。推动村党组织带头人队伍整体优化提升，坚持和完善向重点乡村选派驻村第一书记和工作队制度，实施"一村一名大学生"培育计划。加强农村社会工作人才队伍建设，加强农村经营管理人才队伍建设，加强农村法律人才队伍建设等。

《意见》对加快培养一支懂农业、爱农村、爱农民的"三农"工作队伍作了明确要求。《意见》的实施将有效解决乡村人才短缺的问题。从农村实际来看，一些地方人才流失严重、基层治理水平不高，制约着乡村的发展，乡村振兴困难重重。要实现乡村振兴，加快推进乡村人才振兴是关键。培养乡村治理人才作为加快推进乡村人才振兴的重要内容，更是显得迫切，因为乡村治理人才的质量和工作成效直接关系到乡村振兴的落地生根、开花结果。加快培养乡村治理人才，首先要培养并配强乡镇领导班子特别是乡镇党委书记，发挥好基层党组织作用和领导干部率先垂范作用；一分部署、九分落实，有了一个坚强的战斗堡垒和冲在前的领头人，就能调动起群众参与建设美丽乡村的积极性。其次是在推进乡村振兴战略过程中，实现乡村治理的高效与创新，最重要的就是要培养乡村治理能手，这些人才可从大学毕业生、社会工作人员、退役军人、返乡入乡人员、农村经营管理等人员中加以培养，以尽快树牢先进的乡村治理理念和前沿的治理手段，逐步提升新时代乡村治理的效能。

乡村振兴必须打造各类人才发挥作用的政策平台和制度空间。习近平总书记强调围绕打赢脱贫攻坚战和实施乡村振兴战略，实行积极有效的人才政策，打好"乡情牌"，念好"人才经"，激励各类人才以推动农业科技进步、农业农村现代化为己任，在农村广阔天地大显身手。要通过政策创新，鼓励和引导各类人才到乡村奉献才智。加强农业农村发展急需的教育、卫生、科技、文化人才支援乡村建设的引导，研究制定鼓励城市专业人才参与乡村振兴的政策，全面建立高等院校、科研院所等事业单位专业技术人员到乡村和企业挂职、兼职和离岗创新创业制度，保障其在职称评定、工资福利、社会保障等方面的权益。积极实施大学生"村官""第一书记""三支一扶"等人才计划，引导和鼓励高校毕业生到乡村工作或提供服务。大力实施边远贫困地区、边疆民族地区和革命老区人才支持计划，做好博士服务团项目和"西部之光"访问学者计划，更大力度地向县乡一线倾斜。建立县域专业人才统筹使用制度，推行乡村教师"县管校聘"，提高农村专业人才服务保障能力。推动人才管理职能部门简政放权，保障和落实基层用人主体自主权。进一步完善种业等领域科研人员以知识价值为导向的分配政策，探索公益性和经营性农技推广融合发展机制，允许农技人员通过提供增值服务合理取酬。

要着力配齐配强村民自治带头人。要深入推行能人治村，多途径、多渠道选优配强村委会主任。加大村党组织书记、村委会主任双向进入、交叉任职力度，将优秀村党组织书记通过法定程序选配为村委会主任，对有带头发展意愿、有带领致富能力的非党员年轻优秀村委会主任要加强培养，将其培养为党员，通过选举任命方式担任村级党组织负责人。要畅通本地人才引进"绿色通道"，持续加大对本村外出务工经商、自主创业优秀青年的引导力度，支持和鼓励他们通过法定程序成为村委带头人，带动村级发展，带领群众致富。

要择优配齐管好用好村民组长。村民组长是培养村"两委"后备人选的重要岗位，要在本村务工创业人员、自主产业发展人员、知识青年、大学毕业生等群体中，将有一定群众基础、有一定威信威望的择优选配为村民组长，把村民组长作为培养村"两委"人员后备人选的重要抓手，为村级组织培养一批后备干部。同时，要充分发挥村民组长联系群众、掌握民情的桥梁和纽带作用，要以村为单位，加大对村民组长的日常管理和工作考核，及时兑现工作补贴。

打好"乡情牌"，留住人才。依托县、乡、村三级农民工服务平台，通过灵活人员回引方式、搭建培训平台、营造良好创业就业环境，加大"农民工"回引力度。第一，利用域外农民工支部、劳务基地联络处、各大城市商会等，回引优秀返乡农民工，将具有年龄优势和学历优势的企业经营管理人才、专业技术人才纳入村级后备队伍培养管理。第二，借助"乡村人才服务工作站"、产业实训基地，赴各地高校、科研院所援引专家服务团，举办优秀农民工专题培训班，开展知识提升、技能拓展、创业辅导。第三，结合本地实际，借助扶贫协作项目，引进电子商务、高新技术、优势产业，探索设立引进人才专项基金，开拓返乡创业贷、再就业担保贷、新型经营主体贷等信贷产品，帮助返乡农民工创业就业，服务地方城乡治理。第四，要完善激励机制，让"有为者有位、吃苦者吃香"，鼓励和引导人才到乡村创业兴业。在资金、税收等方面采取特殊的优惠政策，建立政府引导、市场配置、项目对接、利益共享的机制，鼓励和引导人才以资金参股、贸易合作等形式，发展现代农业和乡村旅游业、乡村服务业、乡土特色产业等。鼓励和引导农业科技人才通过技术开发、承包经营、投资入股、成果转让、提供有偿技术服务等形式，从事农技推广或产业化经营活动，把"论文写在大地上"，以科技服务谱写新时代农村振兴新篇章。要鼓励和引导社会各界投身乡村建设，以乡情乡愁为纽带，建立有效政策机制，吸引支持企业家、党政干部、专家学者、医生教师、规划师、建筑师、律师、技能人才等通过多种方式服务乡村振兴事业，引导更多人才投身农村现代化建设。

发挥"新乡贤"的正向引领。通过深入挖掘、积极锻炼、大力培育一批新乡贤典型，充分发挥他们"贤"的引领、"能"的带动、"德"的滋润、"善"的教化、"敬"的尊崇，助力基层治理。依托老党员、老干部、老教师、老退伍军人、老劳模，成立村级新乡贤参事会。搭建乡贤知情平台，拓宽乡贤建言渠道，建立乡贤礼遇机制，激发乡贤为本地发展出谋划策、出资出力的激情。开展乡贤文化进厅堂、进社区、进农家等活动，让新乡贤现身道德讲堂、农民夜校，开展演讲座谈，弘扬乡土文化和孝道文化，并鼓励新乡贤们投入资金、项目支持家乡建设。实施新乡贤治理人才培养计划，立足本地培训机构，开设理论课堂、流动课堂、田间课堂、云端课堂，通过各类专题培训提升乡贤生产生活技能，指引乡贤参与本地主导产业发展。

二、如何培育乡村治理组织

乡村治理是国家治理的基石，乡村治理有效是乡村振兴的基础。发挥好乡村治理组织的协同作用，是激发乡村活力、提升乡村治理水平的有效方式，是打造共建共治共享社会治理格局的必然要求。农村基层党组织是乡村治理的根本力量和治理体系的中心，是实施乡村振兴战略的根本保障。基层党组织治理能力决定乡村治理的成效，它是一个综合体系，政治领导力是根本，思想引领力是关键，群众组织力是保障，社会号召力是基础。乡村自组织建设是实现乡村振兴与完善乡村治理的重要内容。中国乡村社会具有鲜明的区域性和地方性。没有乡村自组织的发育和完善，乡村发展与秩序就很难得到组织化保障。

随着城镇化的发展，城市人口比重不断加大，然而大量农民生活在农村这一基本情况不会很快改变。因而，当前要加快推进城乡一体化发展，实施乡村振兴战略。实施好乡村振兴战略，需要提升村民的

第五章 "千万工程"与乡村治理

生活水平,这自然需要乡村经济的快速、高质量发展。实现经济发展,不仅要推进土地等资源、产业等经济方面的各项政策及时落地,还要充分发挥县乡(镇)两级与乡村基层政权组织主力军的作用。

发达地区的乡村社会组织是在资源与市场的竞争中慢慢形成的。相比较而言,欠发达地区的乡村社会组织对政府的依赖略高。要改变这一状况,形成不同于传统的乡村社会组织,不仅需要基层政权的支持,还需要激发其他社会力量积极参与。根据各地的情况不同,乡村社会组织的基本形态应该是建立在整合传统乡村社会组织的基础上,并发挥积极作用。首先,鼓励乡(镇)村级基层政权组织转变职能,即从政治动员功能转向社会动员功能。基层政权组织实现从观念到职责再到机制的转变,才能有效整合更多积极的乡村内部力量,才能顺利培育新型的乡村社会组织,推动乡村经济振兴,进而助力乡村全面振兴。其次,推动其他社会力量积极参与。一方面,推动企业发挥其在目标、纪律、时间、效率在内的组织管理特长,帮助乡村形成合法合规的新型乡村社会组织。另一方面,大力引导社会公益慈善组织在欠发达地区特别是贫困乡村进村帮扶,建立经济互助组织。

培育乡村自组织,第一,要坚持将基层党委领导、政府负责、公众参与、社会协同与新时代乡村治理深度融合,共同吹响新时代乡村振兴战略的"冲锋号"。如依托不同乡村自组织(行业协会、专业技术学会、合作社、宗族组织、老人协会、庙会等),以"基层党组织+基地""基层党组织+协会/学会""基层党组织+合作社+农户"等共生共建模式,实现乡村共建共治共享格局。第二,基层政府要积极孵化培育乡村自组织建设,运用政策"扶持"和组织"分权"的方式,充分调动农民合作组织、行业协会、专业学会与基层政府之间的合作共治热情,进一步强化对"乡村精英""乡村能人""新乡贤"的引领、培育、帮助,从整体上提升乡村自组织的自治能力。第三,保障乡村自组织积极参与乡村振兴战略,基层政府除了给予政策支持、资金投入、人员配备等服务以外,还需要对乡村自组织进行必要监督、规范和管理,只有这样才能实现乡村自组织不断壮大和发展,进而推动乡村治理与乡村振兴战略的可持续发展。

乡村自组织法治建设是乡村振兴与乡村治理的保障。"法者,治之端也。"法治产生规则,自治是建立在法治的基础之上,并需要法治加以规范和保证,只有在法治的制度框架下,自治的"生命力"才能得以有效的延续。战国时期的哲学家韩非就曾提出"治民无常,唯有法治"的观点。乡村自组织作为乡村基层群众性自治组织,需要充分运用法治思维实行自我服务、民主决策、全民监督的顶层设计,依法表达诉求、行使权利、解决争端、调解矛盾、化解纠纷。首先,既要尊重"法治"的权威效用,又要注重"法治"的宣传普及。在"互联网+"时代,要充分借助各类新形态媒体,利用官方微博、微信等新兴"微平台"媒体技术的宣传载体,以及法治文化广场、法治宣传橱窗、法治主题公园、法治教育基地等传统宣传载体,引导乡村自组织和广大乡村居民知法、懂法、用法、守法、畏法,让全民在参与乡村治理与乡村振兴实践过程中形成依法办事的法治思维。其次,培育乡村法治信仰,畅通乡村司法渠道。司法建设是乡村治理与乡村振兴的核心工作,也是乡村法治建设最直接的环节,更是农民维护自身合法权益的关键。积极探索乡村法治援助志愿服务团队的构建,提高乡村法治化服务水平。最后,构建"互联网+法治"监督平台,将权力"网"进法治的"笼子",推动权力清单、责任清单、负面清单的制定与完善。同时,在加强乡村自组织法治建设中,无论是基层政府还是乡村自组织都要善于清权、敢于减权、勇于晒权,以"法"保障乡村治理与乡村振兴有效推进。

乡村自组织德治建设是乡村振兴与乡村治理的引擎。在新时代乡村治理体系中,农村自组织是乡村治理主体最基本的单元之一。实现乡村德治目标,首先要以文化活动为载体,构建乡村德治建设的信任基础。文化活动是乡村社会居民联系的重要纽带,以文化活动为载体的沟通、交流、互动渠道是增进乡村自组织之间相互信任的重要途径,而信任又是乡村自组织有效形成的心理基础,只有突破了信任这道"墙",乡村治理才能实现"德治"的美好愿景。其次要大力弘扬中华五千年的优秀文化传统,充分吸收以"自治为主、法治为辅、德治优先"的乡村德治经验,强化乡村居民对不同文化、不同宗教信仰、不同风俗习惯的自信心和认同感,引导广大人民群众崇尚道德、拒绝失德,推动社会公德、职业道德、家庭美德和个人品德的构建,重塑朴实、淳厚、俭约、诚恳的"乡土文化",为乡村德治注入文化的血液。最后是构建乡村信用体系与惩戒制度,推动乡村社会信用体系的落地,充分发挥基层政府、乡村自组织和居民共同推进乡村德治建设的合力作用,促进乡村社会治理多元主体之间的良性互动,以"德"为引擎推动乡村治理能力的现代化。

三、如何依托自组织参与乡村治理

乡村自组织的发展壮大与乡村治理模式转型要求不谋而合。乡村自组织是指不需外部行政指令的强制,村民之间基于互惠互利的原则基础上,彼此信任与合作,为共同治理乡村公共领域的事务而自发形成的社会共同体。农民自组织是适应现代社会与市场经济发展需要的。历史地来看,中国农民自组织的动力源大致经历了三种类型,即传统型、政府倡导型和自利型。这三种动力源类型分别对应着无意识型、响应型、自觉型三种模式的自组织。其中自觉型自组织符合今天中国农业、农村现代化转型的需要,是今后中国农民自组织的发展方向。乡村自组织是依靠乡村特殊的血缘、地缘关系发展起来的,同时,伴随乡村经济发展自组织成员间趋向利益的联结,表现出工具理性的扩张。乡村自组织治理的主体即乡村的各种自组织,包括乡村基层党组织、基层政权等多元主体共同参与的治理。治理有效的基础前提就是农村自组织的充分发展,也是乡村社会培育完善的重要体现。

《中共中央关于制定国民经济和社会发展第十四个五年规划和二〇三五年远景目标的建议》(以下简称《建议》)里提到,要完善基层民主协商制度,实现政府治理同社会调节、居民自治良性互动,建设人人有责、人人尽责、人人享有的社会治理共同体。在早年乡村建设派的实践中,往往都特别注重把乡村居民组织起来,从改善生活环境入手,以教育为切入口变革乡村社会面貌。实施乡村振兴主体是乡村居民,农村自组织是人们自主、自发、自行演化而形成的一种"社会共同体","自发性"是它的社会学特质。从政治学的角度来说,农村自组织强调"公共性",是人们围绕乡村社会公共事务而开展一系列活动的"社会化组织"。无论是从社会学角度还是从政治学角度来说,农村自组织的价值内涵,都离不开互利合作、互信融合、互惠共生的价值基础，并以此作为乡村治理场域的核心要义。党的十九大报告明确提出，健全自治、法治、德治相结合的乡村治理体系，作为新时代国家实施乡村振兴战略的内在要求，更是新时代国家治理体系和治理能力现代化的必然选择。

多主体参与成为社区治理创新和治理能力现代化的重要体现。新型农村社区人员结构复杂，急需在基层党组织的领导下，带动多主体共同参与治理。作为介于城市和传统农村社区之间的新生形态，其兼具了城市和传统农村的元素，更易于实现多主体参与。新型农村社区中有部分地处城乡接合部，与城市较为接近，来自核心城区的专业性社会组织、社会工作者等资源更容易辐射到这些地区；有的属于农房改善后形成的新型农村社区，这部分可考虑发挥群团组织，如妇联组织、当地志愿者等在社区的作用。在新型城镇化过程中形成的新型农村社区，其居民群体中往往包含大量的新的社会阶层人士，如何将这部分人士纳入社区治理和服务，也是未来需要考虑的重点。多主体参与，体现的是基层社会组织和人群参与新型农村社区治理的自主性和能动性，是社区治理高质量发展的内生动力。

精细化服务是高质量发展的内容。党的十九届五中全会提到"治理效能提升""基层治理水平提高""不断增强人民群众获得感、幸福感、安全感"等，体现了国家在社会治理方面的顶层设计从侧重制度创新逐步发展为在制度创新的同时注重人民群众的主观感受，更体现了以人民为中心的发展思想。在国家向基层放权赋能的背景下，基层社会的精细化公共服务供给正契合了这一趋势和理念。在以往的新型农村社区治理中，已经非常重视通过政社互动、"三社联动"、政府购买服务、志愿服务等各种方式为社区居民提供助老、助小、助残等多样化、精准化服务。在今后的发展中，针对新型农村社区发展中人群的多元化、异质性以及呈现出的各类问题，如社区融合、矛盾纠纷、物业管理、人户分离、环境问题等，需要更多地提供个性化、精细化、差异化、便捷化的公共服务。精细化服务的提供需要在治理主体、治理手段、治理工具、治理层次、治理要求上多作思考。既要涵盖到传统社区中呈现出的各类问题，又要针对新型农村社区发展中出现的特殊性问题；既要涵盖社区的原住民，又要涵盖社区的新居民。

第五章 "千万工程"与乡村治理

要以人民日益增长的物质文化需求为主,提供需求导向下的精细化服务,从而实现新型农村社区治理的高质量发展。

智能化是高质量发展的趋势。当今社会已经进入信息化时代,人工智能、大数据、网络技术、数字化等被广泛运用并拓展到各个领域,其中也包括社会治理领域。党的十九届四中全会提出的"七位一体"社会治理体系就把"科技支撑"加入了进去。党的十九届五中全会通过的规划《建议》又提到了"信息化支撑"。实际上,在社区治理中智能化不但作为治理的工具性创新,而且是治理领域高质量发展的趋势和方向。新型农村社区发展中面临的一些特殊问题,如人员管理、人户分离等,都可以通过构建全域开放共享的基层信息化管理服务平台而变得更易于解决。而线上公共空间如居民微信群、QQ群、社区公众号、网站的建立,将使身份各异、平时不在一起交流沟通的居民更易于交流、联系,也将增进居民对新社区的关注和了解。智能化手段的注入,将使新型农村社区更好地与居民需求实现无缝对接,提升社区治理效能。智能化将成为新型农村社区治理高质量发展的趋势。

首先,要加强基层组织体系的制度建设,创新村干部工作方式。基层组织是战斗的堡垒。乡村治理没有强有力的组织基础将难以贯彻自治、法治、德治相结合的战略思想。取消农业税后,乡村社会的组织体系涣散,村庄的利益诉求难以通过村级组织有效表达。伴随着社会流动性不断加大,全国部分农村出现了空心化状态。通过加强基层组织体系的制度建设,有利于发挥乡村组织在协调各方利益、组织群众开展村民自治等方面的功能。一是加强乡村党组织建设,强化党在乡村社会中执政的组织基础。党具有总揽全局、协调各方的作用。党组织不仅要把握村民自治正确的政治方向,还要在既有的法律体系下积极引导村民自治,同时要组织和调动相关道德权威人物的力量调解矛盾纠纷。二是创新村干部工作方式,不断增强运用法治思维和法治方式开展工作的能力。村干部应该带头学习和遵守宪法、村民自治法等相关法律规定,不断强化村民自治的法治意识。同时,在处理矛盾纠纷时,应该根据不同矛盾纠纷的性质采取相应的治理手段,既要强化道德的约束力量,又要积极引导村民走法律的途径解决。三是加强制度建设，不断创新村民自治的组织形式，鼓励乡村自组织的发展。修改相关法律和制度规定，充分发挥法律的激励功能，鼓励村庄结合本地实际创新自治组织形式，积极引导村庄老年人协会、专业技术协会、环保协会等自组织的发展，激活自组织在村民自治和德治中的重要功能。多主体参与是高质量发展的动力。党的十九大提出"政府负责、社会协同、公众参与""发挥社会组织作用，实现政府治理和社会调节、居民自治良性互动"，党的十九届四中全会再次提及；党的十九届五中全会通过的规划《建议》，更是明确了要发挥群团组织和社会组织在社会治理中的作用，畅通和规范市场主体、新社会阶层、社会工作者和志愿者等参与社会治理的途径。

其次，积极发挥村规民约的作用，引导村民在村规民约中自治。村规民约通过把传统优秀道德文化、现代法治精神以及村庄历史风俗融入到村规民约的具体内容中，并在村庄治理中依照村规民约引导村民活动，有利于促进自治、法治、德治相结合。为此，第一，要充分调动村民的积极性参与村规民约的制定，努力让每一个村民能够在村规民约制定中感受主体地位，让村规民约中的内容、形式以及效力存在于每一个村民心中。第二，要结合村庄发展的实际，制定符合本村庄历史传统以及现实发展需要的村规民约。第三，要在村规民约中制定与现代法律体系相衔接的司法服务条款，既要引导村民在既有的村规民约中开展自治，又要回应村民对现代法律的制度需求。

最后，要大力弘扬优秀传统文化，把社会主义核心价值观融入基层社会治理。尽管现代乡村社会结构正在发生变迁，但是中国传统文化仍然存在于广大农村中，传统文化依然影响着村民的日常实践。通过大力弘扬孝道文化、仁爱文化、家国文化以及社会主义核心价值观，有利于充实乡村治理中自治、法治与德治的文化基因。第一，法治是现代治国理政的基本方式，在把传统文化融入基层治理的同时，要增强村民的现代法治文化观念，不断提高和培育村民的法治意识。第二，要利用现代网络手段传播中华民族传统优秀文化，让中华民族传统优秀文化以村民喜闻乐见的方式呈现在村民生活中，同时要大力宣传社会主义核心价值观，努力培育新时代懂技术、辨是非、知荣辱的农民，增强道德教化在村庄治理中的力量。第三，要树立遵守传统优秀文化的典型，鼓励和引导村民相互促进和学习，不断激活村民心中的传统文化基因，为村庄开展道德教化和村民自治营造良好的思想氛围。

第四节 发挥乡村德治基础作用

一、加强思想道德建设，提升村民道德素养

"道之以政，齐之以刑，民免而无耻。道之以德，齐之以礼，有耻且格。"德治是通过道德建设来指导、教育、规范人们的行为。习近平总书记指出：法律是成文的道德，道德是内心的法律，法律和道德都具有规范社会行为、维护社会秩序的作用。乡村治理必须一手抓法治、一手抓德治，既重视发挥法律的规范作用，又重视发挥道德的教化作用，实现法律和道德相辅相成、法治与德治相得益彰。振兴乡村，让广大乡村美于外、秀于中，德治就显得尤为重要和迫切。

（一）乡村治理中的"德治"理解

治理不同于管理，"治"就在于农村各组织体系的共同参与、自我管理、民主议事，但同时要尊重乡规民俗，更要遵循国家法治，这就既体现中国特色，又展现现代化治理精髓。结合中国乡村的历史和现实，就是要建立健全党组织领导的自治、法治、德治相结合的乡村治理体系。

自治就是增强村民自治组织能力，完善村民（代表）会议制度，推进民主选举、民主协商、民主决策、民主管理、民主监督实践，充分发挥村民委员会、群防群治力量在公共事务和公益事业办理、民间纠纷调解、治安维护协助、社情民意通达等方面的作用。还要健全村级议事协商制度和不断创新协商议事形式和活动载体，形成民事民议、民事民办、民事民管的多层次基层协商格局。

德治就是要坚持教育引导、实践养成、制度保障三管齐下，推动社会主义核心价值观落细落小落实，融入文明公约、村规民约、家规家训；大力实施乡风文明培育行动。弘扬崇德向善、扶危济困、扶弱

助残等传统美德,培育淳朴民风,注重运用舆论和道德力量促进村规民约有效实施;切实发挥道德模范引领作用,同时着力加强农村文化引领,加强基层文化产品供给、文化阵地建设、文化活动开展、文化人才培养和培育乡村特色文化产业,从而营造健康向上的乡村文化环境。

法治就是要着力推进法治乡村建设,加强平安乡村建设和利用现代社会治理理念、方法和手段,健全乡村矛盾纠纷调处化解机制。既要深入推进扫黑除恶专项斗争,健全防范打击长效机制,健全农村公共安全体系,推进农村社会治安防控体系建设,又要加大基层小微权力腐败惩治力度,严肃查处侵害农民利益的腐败行为,通过加强农村法律服务供给,促进现代法治观念和法治行动在乡村治理中的法律规范作用。

与社会主义现代化进程相适应,循序建立健全这样一个党组织领导的自治、法治、德治相结合的乡村治理体系,实现以自治增活力、以法治强保障、以德治扬正气,共建共治共享的现代农村社会治理格局就有望形成,广大农民的获得感、幸福感、安全感将日益增强,乡村治理体系和治理能力将基本实现现代化。

孟德斯鸠在《论法的精神》里说,并非所有的风俗习惯都需要法定化。人类受多种事务的支配,包括气候、宗教、法律、施政原则、先例、习俗习惯等,这些社会规范就形成了一种"一般精神"。正是这种"一般精神"形成了一个民族的内在性格和文化传统,它往往可以左右成文法的实施效果。风俗和习惯是民族一般精神的重要载体,法律是立法者创立的特殊、精密的制度,两者共同对人们的日常生活产生直接而重要的影响。孟德斯鸠说,法律是制定的,风俗则出于人们的感悟。风俗以人民的"一般精神"为渊源;法律则来自"特殊的制度"。推翻"一般精神"和变更"特殊制度"是同样危险的,甚至前者是更为危险的。在这个意义上,法治与自治、德治相互贯通。

现代德治所凭依的道德是具体个体性的,对应着一个人的权利和义务,是一个内化和成人的过程。德治是以道德规范来约束人们的行为从而形成社会秩序的治理观念和方式,道德规范约束是一种非正式制度约束。从德治的概念不难得出德治的三层内涵:

第五章 "千万工程"与乡村治理

第一,道德是一个权利和义务对等的概念,很多道德标准就是权责对等式表述,比如我们文化中父慈子孝、尊老爱幼、相亲相爱,体现了父子双方、人与人之间同时性的权利和义务。

第二,当代德治的目标是形成现代社会秩序,因此当代德治所凭依的道德应当是现代性的、与法治精神相契合的新道德,而不能以"三从四德""二十四孝"等旧道德来规限人们的行为。

第三,道德不是先验的,不是人生而具有道德,因此德治建设的载体必须是实践的,其过程需要长期的教育与内化,让公民在参与道德实践中成长,不能一蹴而就。

因此,乡村治理中的"德治"概念更多是依赖村民约定俗成的村规民约、村民自身的道德素养所自发形成的行为道德准则,这是一种无形的约束力量,能够为法治所不能覆盖的地方提供更为灵活的治理方式。

(二)自治、法治、德治三者关系

基层社会治理中的自治、法治、德治之间是可以贯通、结合的。

基层群众自治制度是国家法律正式规定的基本政治制度。基层的主要公共事务,都应该由村民通过民主选举、民主决策、民主管理、民主监督来完成,这是基层社会自治的内涵。

基层社会中的法治包括成文法和法治精神,这种法治精神就是以自治为基础的基层共识。同时,基层自治必须在法治允许的框架内开展,换言之,法治是自治的边界和保障。

在基层社会治理中,德治是"先发机制",在矛盾尚未出现或萌芽的时候发挥作用,预防矛盾。自治是"常态机制",在任何基层社会事务治理中都发挥作用。法治是自治和德治的全程"保障机制"。同时,德治并非只在事前起预防作用,还作为自治和法治的补充和"润滑"。自治是按自组织规则的治理,在这个意义上,自治和法治都比较"刚性",当"刚性"在面对复杂的基层社会治理时,往往需要德治的"润滑"作用。"三治"结合乃至融合,就会降低基层社会事的治理成本,提高治理效率,实现有效治理目标。因此,基层社会治理中的自治、法治、德治是可以结合而且必须结合的。

正确处理好基层社会自治、德治、法治之间的协同关系，将利于打造共建共治共享社会治理格局，形成政府调控同社会协调互联、政府行政功能同社会自治功能互补、政府管理力量同社会调节力量互动的新型社会共治模式，是创新基层社会治理的有效途径。

自治是法治、德治的目标。基层社会自治重点解决治理的具体形式和载体问题，加强城乡社区各个载体的治理能力。正确处理好三治主体之间的内部协同关系，在乡村党组织的全面领导下，增强村民参与能力、议事协商能力、自我服务能力、心理咨询干预能力、信息化应用能力、资源优化能力。

法治是自治、德治的保障。基层社会法治重点解决治理的现实依据和手段问题，加强乡村基层工作成员的依法办事能力。发挥社会组织的优势，发挥乡村民警、基层法律服务工作者、志愿者的作用，推进覆盖城乡居民的公共法律服务体系建设，提升基层协商能力、社区矛盾预防能力、社区矛盾化解能力、利益意愿表达能力。

德治是自治、法治的基础。基层社会重点解决治理主体思想精神层面的素质修养问题，以弘扬中华传统文化为载体。强化社区文化的引领能力，讲好乡村的故事，践行社会主义核心价值观，增强村民对乡村的社会文化认同感、归属感、责任感和荣誉感。

总之，自治、法治、德治最终都统一于"人"这个核心，都是为了激发乡村居民的责任感，提升乡村成员的主人翁意识，盘活基层社会各个利益相关者的参与活力，优化社区各方资源，促进人与人和谐相处；努力实现党的十九大报告提出的坚持把人民群众的小事当作自己的大事，从人民群众关心的事情做起，从让人民群众满意的事情做起，带领人民不断创造美好生活。

(三) 加强村民的思想道德建设

加强思想道德建设，教育是基础。提高农民道德素质，教育是基础。这就需要针对不同群体、不同年龄的农民，采取不同形式和手段，扩大道德宣传的覆盖面，增强道德教育的渗透力，使人耳濡目染、受到熏陶。

德治是源远流长的中华文化传统，是中国最大的"本土资源"。

第五章 "千万工程"与乡村治理

孔子说:"君子进德修业。忠信,所以进德也,修辞立其诚,所以居业也。是故居上位而不骄,在下位而不忧。"意思是说,君子增进道德建立事业。推忠于人,以心待物,德行就能够得到提升。修理文教,内心诚实,就是立业的根基。处在上位的时候不敢心怀骄慢,处于下位的时候心也不会忧闷。儒学的博大精深,使我们认识到,不论是中央还是地方政府的治理,不论是国家治理还是社会治理,谁都不可能无视德治的作用。道德作为人人心中皆有的一种规范和约束,这种心中之法是较之任何文本法作用更大、效力更高且适用更广的法律。改革开放以来,我国经济建设取得了巨大成就,人们的物质生活水平大幅度提高,但精神文明建设相对滞后,不敬不孝、知法犯法、赌博滋事、网上任意中伤诽谤等道德滑坡现象严重影响了社会和谐与居民幸福感的提升。对这些社会问题,如果不从提高人的道德素质、强化道德自律方面入手,而只是就事论事、就矛盾论矛盾,社会治理的成效会非常有限。

借鉴古今中外的法治实践,发挥德治建设的作用,提升乡村村民的素质和修养,从源头上预防社会矛盾的产生,增加社会的和谐因素。那么,如何实现上述目标?需要做出顶层设计,通过建立以规立德、以文养德、以评弘德和家风建设的德治建设体系,把基层社会所提倡的道德理念和社会价值追求与人们的日常生活紧密联系起来,注重在落细落小落实上下功夫,把德治的抽象宽泛概念、崇高理想追求变成人们实实在在的每一个行动。

坚持以规立德。墨子说:"天下从事者,不可以无法仪,无法仪而其事能成者无有也。"意思是说,天下从事各种职业的人,都不能没有规则。没有准则而他所做的事情能够成功,那是不能的。因此,要制定乡规民约、城乡社区管理规章制度和社区成员的行为准则,强化规范约束,发挥明导向、正民心、树新风的积极作用。

坚持以文养德。继承和发扬中华优秀传统文化和传统道德,广泛开展社会主义核心价值观宣传教育,以润物无声的方式,引导城乡社区成员以弘扬中华传统文化为载体,倡导社会成员成为社区志愿者,通过德治的实践和行动,不仅讲道德、尊道德、守道德,还践行追求高尚道德理想的志愿行动。

坚持以评弘德。通过评议个人、家庭、社会的道德状况，形成鲜明的舆论导向，带动整个社会道德文明水平的提升，依靠社会舆论道德规范的说服力、劝导力、影响力，调节城乡社会成员之间的人际关系。在城乡社区德治体系中，全面实施公民道德工程。

坚持家风建设是中国现阶段开展社区德治的重要组成部分。习近平强调：不论时代发生多大变化，不论生活格局发生多大变化，我们都要重视家庭建设，注重家庭、注重家教、注重家风，紧密结合培育和弘扬社会主义核心价值观，发扬光大中华民族传统家庭美德，促进家庭和睦，促进亲人相亲相爱，促进下一代健康成长，促进老年人有所养，使得千千万万个家庭成为国家发展、民族进步、社会和谐的重要基点。家是最小国，国是千万家。在中国传统文化中，"家国天下"的情怀深入每一个中国人的骨髓。因此，倡导良好向上的家风，依然能够正向推动乡村德治的良性发展。

强化农村思想道德教育，凝聚乡村振兴正能量。中华优秀传统文化是乡村德治的重要资源，虽然新的社会变迁导致乡村社会结构与道德规范发生改变，但是大量的中华优秀传统文化仍然存在于农村，形成了村民内化的行为规范。在中华民族优秀传统文化的基础上，要更加深入挖掘优秀传统农耕文化蕴含的思想观念、人文精神、道德规范，大力推进农村文化建设，拓宽德治发挥作用的空间。一方面实施文化惠民工程，繁荣群众精神文化生活。依托村级活动场所建立农家书屋、新时代文明实践站、远程教育中心、红色讲坛、好人好事榜，等等，引导人们讲道德、守道德，有理想、有信念。另一方面深入开展爱国主义、集体主义和社会主义的教育，教育村民认清社会主义制度的优越性，引导他们树立起正确的世界观、人生观、价值观和道德观，教育农民讲文明、讲礼貌、讲信誉，助人为乐、见义勇为，从而不断转变思想观念、强化法治观念、提升道德修养、增强感恩意识，逐步形成和谐的人际关系、良好的社会秩序、健康的社会风气。

强化农村乡土文化弘扬，增强文明乡风号召力。乡村振兴，文化是灵魂。实现乡村振兴，不仅要振兴农业，振兴产业，还要充分重视挖掘和振兴本土文化。基层党组织要切实担负起挖掘乡土文化，完善乡村文化基础设施建设的责任，不断充实农村的精神文化生活，加强

第五章 "千万工程"与乡村治理

农村文化道德建设,引导村民养成向上向善、孝老爱亲、重义守信、勤俭持家的美好品德。要切实提高对本土文化保护的认识,通过教育、宣传等多种形式来提高全民对乡土文化的重视程度和保护意识,培养村民对乡土文化的认同感,增强责任意识和保护意识,更好地发挥乡土文化在乡村经济社会发展中的作用。

完善村规民约治理机制,形成共监督、齐遵守的良好局面。村规民约是村民自治制度的重要组成部分,凝聚着村民们的共同价值观,是法律之外规范千家万户的道德准则,更是推进移风易俗、加强乡村精神文明建设和脱贫攻坚等方面的重要举措。制定村规民约要像开展精准扶贫一样,走院落、入农家,紧紧围绕村民关心的热点问题,广泛听取村民意见建议,详细记录群众诉求想法,根据村情有针对性地制定(或修订),根据各村实际做到一村一规,让村规民约与村情民意紧密结合,做到接地气、有生机、易落实。村党组织要发挥好引导作用,同时充分发挥党员的示范带头作用,让全体村民知晓和积极参与村规民约建设,让村规民约家喻户晓,让群众在潜移默化中认知、认同,形成村民的"行为自觉",为实施乡村振兴战略打下更为坚实的群众基础。

完善农村乡贤文化体系,形成创和谐、保稳定的良好局面。乡贤是乡村中品德贤良、守法守正的优秀代表,他们来源于群众,最了解群众,最能与群众息息相通,是群众眼里的"明白人",是带领乡民致富的典型代表,也是基层民众无形的指引,能发挥法治保障作用,维护公平正义。要大力弘扬乡贤文化,引导"在场"的乡贤把现代价值观传递给村民;引导"不在场"的乡贤通过各种方式关心和支持家乡发展。要以行政村为主体,搭建好"党建+好商量"议事平台,并积极发动乡贤参与协商议事,运用乡贤在人缘、威望等方面的优势,参与解决乡村治理过程中出现的纠纷矛盾,让乡贤成为干群之间的连心桥,促进乡村治理稳步有序推进。

完善道德激励约束机制,形成学榜样、争先进的良好局面。发挥道德信用评价的抓手作用,是强化群众的集体意识、主人翁意识和社会责任感的关键环节,关系到人民群众的幸福感、获得感,也是以德治促善治的重要途径。基层党组织要充分发挥道德典型的示范引领作用，深入挖掘道德模范资源，使身边人有模范可学，使身边事由点及面，好人好事得到进一步弘扬，社会风气进一步净化。建立健全道德激励约束机制，形成正确的社会价值导向。坚持以榜样为统领，弘扬主旋律，褒扬好人好事，激励文明风尚，形成一种人人尊重榜样、学习榜样、争当榜样、超越榜样的良好社会风气。通过将"文明家庭""清洁家庭""平安家庭"等评选活动常态化，让有德者有更多获得感，让有德者有"得"，在全社会形成崇德向善、见贤思齐的浓厚氛围。

二、德治在乡村治理中的优势

在决胜脱贫攻坚全面建成小康社会的关键时期，必须坚持以德治为根本，充分发挥德治的融合、引导、教化等功能，实现自治、法治、德治的相互补充，不断提升我国乡村治理水平。

德治能够提升自治的水平。截至 2016 年，我国超过 98% 的村都制定或修订了村规民约和村民自治章程。村民自治在体现村民意志、保障村民权益、激发农村活力等方面具有重要作用。但在具体的实践过程中，一些地方仍存在村民参与公共事务积极性较低、外部监管缺失、村委会行政负担过重等问题。德治是思想文化建设的一部分，是对乡村治理更高层次的要求。实际工作中，要结合社会主义核心价值观学习教育，不断提升人们的道德素养，激发人们热爱家乡、建设家乡和回报家乡的情怀。要充分发挥挖掘和推广传统的乡贤文化，积极发挥乡贤乡绅参与乡村社会建设、风习教化、乡里公共事务中的力量。要以"德治"为引领，大力弘扬和传承优秀文化，广泛宣传传统节日、传统文化礼仪，践行文明礼仪，引导传承爱党爱国、向上向善、孝老爱亲、重义守信、勤俭持家的优良传统文化，摒弃落后教条的陈规陋习和不良陋习，对移风易俗、歪风邪气等进行打击，引导农民养成文明、健康的生产生活方式，不断提升自治基础上的乡村治理水平。村民议事会成为村民掌握"话语权"渠道，有效实现了村民的自我管理、自我服务、自我教育和自我完善的功能。如针对农村遇事大操大办讲排场加重村民家庭负担的不良习惯，通过群众自己提、自己议，什么酒宴可以办、什么酒宴禁止办，充分尊重群众意愿，有效地实现了群众的自我教育、自我管理、自我服务、自我监督,将民间酒宴回归情感交流本位,让农村陈规陋习悄然改变。

德治可以弥补法治的不足。法治作为制度化的治理方式以及强制性的实施手段,对于几千年来我国农村形成的民间规则体系来讲,又过于刚性和僵化。当前,我们既要树立科学的法治思维,通过科学立法、严格执法、公正司法、全民守法实现法治保障,又要充分发挥德治的"润滑剂"作用,借助道德手段有效弥补法治的不足,做到"法安天下、德润人心"。随着中国特色社会主义进入新时代,在法治建设不断健全和完善的情况下,德治建设的重要性开始凸现。在多年的"乡土社会""熟人社会"中,我国农村形成了根深蒂固的社会文化、道德规范、风俗习惯等,有其自身的文化基础,顺应并利用道德的力量能够最大限度地节省社会资源,从而实现乡村治理水平的提升。随着社会的发展和进步,乡村治理必须以法律作为准绳,尤其需要加强农村的普法工作,通过"以案说法",身边人说身边事,由浅入深地讲述家庭纠纷、财产纠纷、借贷纠纷等身边案例,引导村民增强法律意识,遇事找法,学会用法,建设法治乡村。要结合乡村实际,定期评选"好儿媳""好公婆""好家庭"等先进道德模范,并加大奖励力度,在农村形成学习道德模范、努力争做先进的良好氛围。要大力加强法治文化建设,以法治文化广场、文化长廊、法治主题公园等为载体,将生动形象的法治警示语、法治名言警句等在新村聚居点、村(社区)广场、产业基地、旅游景区等地集中展示,让广大群众在休闲、赏景、田间劳作的过程中感受法治的气息和熏陶,推进法治"浸润",在潜移默化中助推广大群众强化法治意识、养成法治习惯、形成法治信仰。

德治可以促进农村社会稳定。当前,我国的改革进入攻坚阶段,发展进入关键时期,我们不仅仅必须建立与之相适应的中国特色社会主义法律体系,实行依法治国,还必须建立与之相适应的社会主义道德体系,实行以德治国。坚持"依法治国"与"以德治国"的密切结合,相互促进。近年来,通过"道德模范""美在身边""凡人善举"等多项评选活动,深入挖掘道德模范、先进典型,并加强宣传,营造"学榜样、讲文明、当模范、树新风"的良好氛围,川南文明高地逐步形成。"看一场剧胜过上十次党课"的大型话剧《赵一曼》被列为共青团中央"全国青年文化精品巡演"剧目；根据"全国优秀党务工作者""四川省劳模"史进洪事迹创作的方言剧《凤凰涅槃》，在全市巡演70余场次；翠屏区"共享书吧"、珙县"书香亭"、南溪区"24小时自助书屋"、兴文县"广场书吧"以及公交车"公益读报袋"和"妇女之家"阅览室等品牌作用初显。翠屏"家风家训"、"一曼精神"、江安"剧专情愫"、长宁"乡贤文化"、高县"忠孝传承"、筠连"乡风文明"等品牌不仅仅是宜宾文化的缩影，更是助推践行社会主义核心价值观的重要载体，为开启宜宾现代化建设新征程引领价值导向，汇聚精神力量。

三、发挥道德模范引领作用

（一）乡村道德模范

道德模范，指的是具有良好道德修养的人。在中国古籍中，最早是把"道"与"德"两个词分开使用的。"道"表示道路、以后。"道德"一词起源于《道德经》，拉丁语意为风俗和习惯，引申其义，有规则、规范、行为品质和善恶评价等含义。

乡村的道德模范通常是指"乡贤"。该词始于东汉，是国家对有作为的官员，或有崇高威望、为社会做出重大贡献的社会贤达去世后予以表彰的荣誉称号，是对享有这一称号者人生价值的肯定，迄于明清，各州县均建有乡贤祠，以供奉历代乡贤人物，因之，形成一套完整的官方纪念、祭奠仪式。在战争时期，乡贤需要厮杀在第一线，为人民争取生的机会。

作为封建中国的基石，乡贤（即乡绅）曾承担了"皇权不下县"时代基层的管理职能。魏晋时的"坞堡"、南北朝时的"义门"等，均为乡贤基层组织的外在形式。

（二）激发乡贤发挥引领作用

乡贤理事会通过串门促和、坐堂问诊、信息排查、纠纷回访等调解方式，发挥参谋建议、示范引领、桥梁纽带等作用，激发群众自治活力，实现了党组织领导下的"村事民议，村事民治"。

第五章 "千万工程"与乡村治理

　　乡贤是指在农村有德行、有才能、有声望而深为当地群众所尊重的人，过去，在促进宗族自治、民风淳化、伦理维系以及乡土认同等方面起着重要的作用。党的十九大报告明确提出，加强农村基层基础工作，健全自治、法治、德治相结合的乡村治理体系。这对乡贤作用的发挥提出了新的要求。但是，如何组建起一支切实能发挥作用的乡贤群体，还需要有关部门的主动作为和加强引导。

　　让乡贤发挥作用，就要搭建好乡贤参与活动的平台。新时代，乡贤的角色定位变了，不再局限于处理本族本宗事务，而是要面向整个乡村的治理。因此，这就需要有关部门要建立有关的乡贤活动组织，为乡贤参与乡村治理搭建好平台，从而吸引村里那些德高望重、有公信力、有才能、愿为乡村治理献策出力的人参与进来。像海青镇成立的镇、村两级乡贤理事机构就是一个有益的尝试。还有的地方在村两委引领下成立"乡贤议事会""乡贤参事会"，建立健全乡贤参事议事机制，促进乡贤作用发挥，也很值得借鉴。

　　让乡贤发挥作用，就要注重乡贤能力的培育。乡贤参与乡村治理，促进乡村振兴，仅有德高望重还不够，必须要实打实地具备乡村治理的知识和能力。作为乡贤本人，要与时俱进学习党的农村工作政策，了解新时代人们的思想、行为方式，掌握处理纠纷等方面的方法和技巧，提高自己的议事参事和管理能力。同时，上级有关部门要建立定期培训沟通机制，了解乡贤的所思所想，帮他们解决工作中遇到的难题，提升他们的履职素质和能力。当前，最重要的就是向乡贤群体加强党的十九大精神和中央农村工作会议精神的宣传，让乡贤们进一步明确在推进乡村振兴的过程中，如何落实"产业兴旺、生态宜居、乡风文明、治理有效、生活富裕"的总要求，进一步明确自己在乡村治理中应担负的职责，从而工作起来更有针对性。

　　让乡贤发挥作用，还要注重乡贤的表彰。表彰是为了彰显乡贤价值，增强乡贤的荣誉感和凝聚力。各地要积极探索乡贤的表彰激励办法，可以组织不同层级的年度乡贤先进集体、先进个人评选，并利用媒体大力宣传他们的事迹；也可引导鼓励乡贤参与道德模范、身边好人评选，让乡贤自己备感光荣，让他们的事迹家喻户晓，在激发乡贤奉献热情的同时，让广大群众加深对乡贤工作的理解和认可，促进乡村治理工作的有效开展。

重视乡贤作用、培育乡贤文化，是促进乡村振兴、建设美丽乡村的内在要求。各地要采取切实有效的措施吸引和凝聚乡贤群体参与到乡村治理中来，促进乡村的稳定和谐发展。

（三）乡贤参与社会治理的路径

既然乡贤是作为乡村社会治理参与的重要力量之一，那么如何去畅通和激发乡贤参与乡村治理的路径，这是值得乡村治理的管理者深思的问题。

强化基层党建引领，明确新乡贤参与治理路径与认定标准。乡村治理是国家治理的重要基石，要把党建引领作为构建乡村治理新格局的主导力量。要始终坚持和完善党总揽全局、调各方的领导机制，把党的领导深入基层治理的方方面面，推动党的建设与基层治理两者的有机融合，充分发挥基层党组织在政治、经济、文化、组织以及动员等方面的核心引领作用。乡贤组织要在基层党组织领导下开展工作，明确乡贤参与社会治理的具体路径，明晰议事机构的职责与定位，严格区分乡贤议事职能与村两委的行政职能，规范乡贤组织的运行机制和程序，在运作过程中坚持各司其职，防止因职责不清而造成的角色错乱。建立乡贤评选机制，明确评选办法和标准，规范乡贤认定程序，确保公开公平公正。

强化项目牵引，落实乡贤回乡保障措施与政策。支持乡贤报效桑梓的责任感发端于他们对家乡的深情与眷恋。各级政府要进一步畅通乡贤返乡的渠道，探索制定支持乡贤返乡的相关政策措施和管理办法，着力营造乡贤回乡参与社会治理的浓厚氛围。深入开展社会资本下乡行动，坚持以项目为载体、以乡贤为引领、以企业为龙头、以金融为保障，创新合作发展模式，鼓励新乡贤回乡创，吸引资本回流。积极出台乡贤优待政策，给予一定的创业奖励补贴，在审批、项目用地、融资等方面，为其提供优惠政策和优质服务。落地乡贤示范项目（村居），对重大项目要一事一议并全程跟踪服务，减少乡贤回乡建设发展的后顾之忧。对在外乡贤帮助家乡和企业开展招商引资、开拓市场的，也要根据其所作贡献给予相应奖励。培育乡贤百忙官，建成乡贤信息库,实现乡贤联络站点县、乡、村三级全覆盖,放大"归雁效应",打造"归雁经济",强化对新乡贤"资本返乡"行为的监督和管理,建立"资本返乡"准入机制,加强土地用途管制执法检查等,设置负面清单,规范乡贤回乡开发建设行为。

强化乡风文明建设,激发乡贤回乡的内生动力。乡贤的情感特质要求乡贤的形成和发展必须依托浓厚的新乡贤文化,从文化层面为新乡贤参与乡村治理提供情感土壤。因此,要积极弘扬乡贤文化,推动农村"社会共建力",注重文化赋魂,挖掘盘活新乡贤资源。落实乡贤的政治待遇,将符合条件、有参政议政能力的优秀乡贤推选为"两代表一委员",激发乡贤参与家乡治理的热情和主动性。进一步培养和储备乡贤人才,利用政策措施让人才扎根农村,建立健全激励和考核机制,相关管理部门应给予新乡贤一定的补贴、津贴、在市级层面组织开展"举乡贤、颂乡贤、学乡贤"优秀乡贤评比活动。特别是要在垂范一方的退休官员、学成归来的莘莘学子、农村优秀的基层干部、品德高尚的道德模范和心系家乡、反哺家乡的企业家中树立典型榜样,激发乡贤助力家乡发展的成就感、自豪感,进一步形成凝聚乡贤智慧,推进乡村治理的强大力量。深入挖掘乡贤文化资源,讲好乡贤故事,开辟乡贤长廊、乡贤榜等,积极宣传乡贤人物事迹,将乡贤事迹写进村歌、载入村史,弘扬乡贤正能量,积极实施"乡贤计划"等,持续掀起乡贤回归热潮,从而助力乡村的振兴与发展。

四、加强农村乡风文明建设

习近平总书记在参加十三届全国人大四次会议青海代表团审议时强调,全面实施乡村振兴战略,实现巩固拓展脱贫攻坚成果同乡村振兴有效衔接,改善城乡居民生产生活条件,加强农村人居环境整治,培育文明乡风,建设美丽宜人、业兴人和的社会主义新乡村。民族要复兴,乡村必振兴。培育文明乡风,是乡村振兴的重要内容。在现代社会快速变迁的滚滚洪流中,如何使人们在乡村社会中感受到一种与众不同的文化景观和文明魅力,如何使老百姓的"口袋"和"脑袋"同时富起来,这些问题值得深思。

党的十九大提出"实施乡村振兴战略",并明确了产业兴旺、生态宜居、乡风文明、治理有效、生活富裕的总要求。2021年中央一号文件强调,要加强新时代农村精神文明建设,推动形成文明乡风、良好家风、淳朴民风。繁荣乡村文化,培育文明乡风,对于推动乡村振兴意义重大。

以乡风文明建设助推乡村振兴,应着重从以下方面入手。

发挥党建引领作用。农村工作是全党工作的重中之重。深入实施乡村振兴战略,培育文明乡风,必须坚持和加强党对农村工作的全面领导,提高党的农村基层组织建设质量,发挥好党建引领作用。

第一,发挥党的农村基层组织在乡村文化发展中的领导作用。组织群众学习贯彻习近平新时代中国特色社会主义思想主题教育,培育和践行社会主义核心价值观,开展中国特色社会主义和实现中华民族伟大复兴的中国梦宣传教育,爱国主义、集体主义和社会主义教育,党的路线方针政策教育,思想道德和民主法治教育,引导农民正确处理国家、集体、个人三者之间的利益关系,培养有理想、有道德、有文化、有纪律的新型农民。可以充分利用党群服务中心、新时代文明实践中心(所、站)、农民夜校等渠道,深入宣传教育群众,用中国特色社会主义文化、社会主义思想道德牢牢占领农村思想文化阵地。第二,党的农村基层组织应加强和改进农村思想政治工作。借助乡村党员名人馆、乡贤文化长廊等载体,宣传党组织和党员先进事迹,宣传好人好事,发挥农村优秀老党员、老干部在乡风文明建设中的道德模范作用,弘扬艰苦奋斗、勤俭节约等精神品质,弘扬真善美,传播正能量;依托乡村主题党日、农村党员读书会、党员议事会等方式,了解群众思想状况,帮助解决实际困难。第三,发挥基层党员干部作为乡风文明建设重要参与者的作用。通过发挥农村党建志愿者等人才资源优势,定期开展基层党员主题文化教育,采用党员联系户、党员积分制等形式,调动村民参与乡风文明建设的积极性和主动性,引导群众自觉抵制腐朽落后文化侵蚀,推进移风易俗,弘扬时代新风。

加强农村公共文化建设。《中华人民共和国国民经济和社会发展第十四个五年规划和2035年远景目标纲要》指出,优化城乡文化资源配置,推进城乡公共文化服务体系一体建设。改善农村公共文化服务、加强农村公共文化建设,是培育良好乡风、涵养乡土情怀的重要

第五章 "千万工程"与乡村治理

抓手。

第一，加大农村公共文化建设力度。在推进文化惠民、提供更多更好农村公共文化产品和服务的同时，支持"三农"题材文艺创作生产，鼓励文艺工作者不断推出反映农民生产生活尤其是乡村振兴实践的优秀文艺作品，充分展示新时代农村农民的精神面貌。培育挖掘乡土文化本土人才，开展文化结对帮扶，引导社会各界人士投身乡村文化建设。第二，加强公共文化设施建设。发挥县级公共文化机构辐射作用，推进基层综合性文化服务中心建设，实现乡村两级公共文化服务全覆盖，提升服务效能。第三，注重发挥信息技术对改善乡村公共文化服务的支撑功能。以大数据、云计算、人工智能、移动互联网等现代信息技术畅通各种自上而下、由城至乡的公共文化输送渠道，运用新媒体手段激活乡村图书馆、文化书屋、村史馆、乡村记忆馆等资源，为农民提供个性化、订单式文化服务。

传承发展农村优秀传统文化。我国优秀传统农耕文化蕴含的思想观念、人文精神、道德规范，在凝聚人心、教化群众、淳化民风中发挥着重要作用。弘扬乡村文明风尚，应在优秀传统文化的传承、发展、提升层面有所突破，激发农民参与乡村治理、推动文明乡风建设的内在动力。

一方面，充分挖掘和整合乡村优秀文化资源。深入挖掘乡村民俗文化、节日文化、手工艺文化等优秀文化资源，利用好祠堂、古道、古树、古街等传统文化要素，保护好文物古迹、传统村落、民族村寨、传统建筑、农业遗迹、灌溉工程遗产，支持农村地区优秀戏曲曲艺、少数民族文化、民间文化等传承发展，保留代表性乡村公共记忆景观，发挥好新乡贤在移风易俗、倡导文明乡风中的功能，以乡村文化资源的针对性开发，涵养乡村人文精神，加强村民之间的情感联系和文化认同。另一方面，善于提升和转化乡村文化资源。以社会主义核心价值观为引领，吸取城市文明及外来文化优秀成果，在保护传承乡村优秀传统文化的基础上，实现创造性转化、创新性发展，不断赋予其新的时代内涵、丰富其表现形式。加强爱国主义、集体主义、社会主义教育，深化民族团结进步教育，加强农村思想文化阵地建设，强化农民的社会责任意识、规则意识、集体意识、主人翁意识。

强化村规民约作用是保证。村规民约是根据相关法律、法规、政策，结合本村实际，制定的涉及村风民俗、社会公共道德、社会管理、精神文明建设等方面约束规范村民行为的一种规章制度，起着维护乡村文化传承和秩序的"习惯法"的作用。村规民约不在于内容有多全、文字有多美，而在于切合本村实际、群众普遍认同，谋求事半功倍的效果。要像开展精准扶贫一样，走院落、入农家，紧紧围绕村民关心的热点问题，广泛听取村民意见建议，详细记录群众诉求想法，根据村情有针对性地制定（修订）村规民约，坚持一村一规，让村规民约与村情民意紧密结合，做到接地气、有生机、易落实。让全体村民知晓和积极参与村规民约建设，采取群众喜闻乐见的宣传方式，让村规民约家喻户晓，让群众在潜移默化中认知、认同，形成村民的"行为自觉"。积极引导和监督村民遵守和执行村规民约，及时有效处理处置违规违约现象。村干部和党员要带头遵规守约，有违规违约的，照规处理，不当特殊村民。这样村民才会信服村规民约，逐步形成相互监督、共同遵守村规民约的良好风尚。

总之，乡风文明建设不仅要直面农村文化建设的实际问题，还要贴近农民的现实文化需求，通过挖掘和提升内生性资源，构建与现代生活相适应的文化生活理念，为乡村振兴提供全面充分的文化保障。

第六章 "千万工程"与城乡融合

第一节 "千万工程"推进城乡融合的意义与途径

一、推进城乡融合的重大意义

第一,城乡融合发展是破解新时代社会主要矛盾的关键抓手。党的十九大指出,我们社会主要矛盾已经转化为人民日益增长的美好生活需要和不平衡不充分的发展之间的矛盾。我国最大的不平衡是城乡关系的不平衡,最大的不充分是乡村发展的不充分。我们仍然处于并将长期处于社会主义初级阶段的特征,很大程度上就表现在城乡的二元结构上。解决发展的不平衡、不充分问题,不断满足广大农民群众日益增长的美好生活需要,在很大程度上需要依靠城乡融合发展和乡村振兴。

第二,城乡融合发展也是国家现代化的重要标志。我们国家的现代化是工业化、城镇化、信息化、农业现代化并列发展的过程,"四化"同步发展是我国现代化建设的核心内容,也是核心的任务。在这"四化"里,工业化处于主导地位,是发展的动力;农业现代化是重要的基础,也是发展的根基;信息化具有后发优势,可以为发展注入新的活力;城镇化是一个载体和平台,承接着工业化和信息化发展的空间,带动着农业农村的现代化加快发展,也发挥着不可替代的融合作用。如何处理好"四化"关系,特别是如何处理好工农关系和城乡关系,在一定程度上决定着现代化的成败。因此,城乡融合发展既是城乡现代化的抓手,也是重要的标志。

第三,城乡融合发展是拓展发展空间的一个强劲动力。因为我国最大的发展潜力和后劲在乡村,推动城乡融合发展和乡村振兴、促进乡村资源要素与全国大市场相对接,能够释放出可观的改革红利,也能够带动经济社会持续发展。

第四,建立城乡融合发展体制机制和政策体系是实现乡村振兴和农业农村现代化的重要制度保障。乡村振兴不能就乡村来谈乡村,必须走以城带乡、以工促农的路子,在城乡融合发展中破解难题。

二、"千万工程"是加快城乡融合发展的有效途径

"千万工程"实施之初,时任浙江省委书记的习近平同志就提出要用统筹城乡兴"三农"的新思路来推动工程建设,强调在工程建设中必须贯彻以工促农、以城带乡的思想,做到城市基础设施向农村延伸,城市公共服务向农村覆盖,城市现代文明向农村辐射,促进城乡一体化发展。

学习运用"千万工程"经验,是加快城乡融合发展步伐的重要举措。浙江把"千万工程"作为城乡融合发展的"龙头工程",建立以工促农、以城带乡的建设机制,着力缩小城乡差距。浙江省实施"千万工程"20年来,由环境变革带动生态变革、产业变革、社会变革,省内区域差距、城乡差距、收入差距不断缩小,农村面貌实现了从"脏乱差"到"强富美"的转变,90%以上的村庄建成新时代美丽乡村,城乡居民收入比达到比较良性的1.9∶1,在之江大地上实现了乡村重塑、城乡重构、城乡各美其美的伟大梦想,成为当代中国共产党人回答中国之问、世界之问、人民之问、时代之问的成功典范。2018年,联合国副秘书长埃里克·索尔海姆在浙江参观走访时就说过:"在浙江看到的,就是未来中国的模样,甚至是未来世界的模样!"

实践证明,推广"千万工程"经验,有利于破除妨碍城乡要素平等交换、双向流动的制度壁垒,推动城市基础设施向农村延伸、公共服务向农村覆盖、资源要素向农村流动,加快形成工农互促、城乡互补、协调发展、共同繁荣的新型工农城乡关系,推动农村基本具备现代生活条件。

第二节 加大资源型城市转型发展力度

资源型城市是一种特殊类型的城市,是以石油、煤炭、铁矿等自

第六章 "千万工程"与城乡融合

然资源开采、加工为主导产业的城市，一般均为区域性或全国性的能源保障基地，是我国经济社会可持续发展的重要支撑，长期以来，为我国经济社会发展作出了巨大贡献。但是，由于缺乏长远规划、资源枯竭等原因，这些城市在发展过程中面临着产业结构畸形、生态环境恶化、污染严重及城乡空间布局不合理等一系列问题。党的十八届三中全会提出："坚持走中国特色新型城镇化道路，促进城镇化和新农村建设协调推进。"如何维系好城市的转型及可持续发展，如何借力新型城镇化，推进经济、社会、发展方式转型，培育多元绿色低碳产业，提高生态环境承载力，对于促进河北省城乡融合发展以及河北省经济建设具有重要的战略意义。这里以河北省资源型城市邢台市的发展情况为例，探讨资源型城市转型战略，为河北省的资源型城市转型乃至全国的资源型城市转型提供借鉴。

一、邢台市转型战略

（一）战略目标

以加快转变经济发展方式为邢台市转型战略主线，进一步深化改革开放，依靠体制机制创新，统筹推进新型工业化和新型城镇化，培育壮大接续替代产业，加强生态环境保护和治理，保障和改善民生，建立健全可持续发展长效机制；坚持统筹协调、分类指导，努力化解历史遗留问题，破除城市内部二元结构，加快资源枯竭城市转型发展，有序开发综合利用自然资源，提升城市综合服务功能，促进资源富集地区协调发展。

（二）战略重点

针对邢台市目前的经济环境状况，在资源型城市转型过程中，需要着重处理好五个重点：接替性产业选择、矿山生态环境恢复与治理、高新技术产业研发、发展生态农业以及开发旅游资源。

二、邢台市转型实施方案

（一）融入区域发展环境

（1）明确自身定位角色。作为京津冀协同发展的一个重要节点，作为中原经济圈的北大门,邢台市的发展要站在区域角度明晰自身定位和角色。未来的发展要利用现有的农业、工业和服务业基础设施,发挥资源在经济发展中的优势,推动农业产品深加工,融入地区医药产业园,在区域经济的链条中占据重要地位;同时把旅游产品作为产业发展重点,打造区域休闲生态旅游中心。

(2)接力全省产业升级。伴随着河北省的城镇化水平不断提升,城市群的资源聚集效应已经向生产要素与集聚人才方向转变,邢台市的发展要紧紧抓住这历史机遇,加快搭建2小时经济圈和3小时经济圈。在搭建好政策、地面、空间平台的基础上,吸引来自北京、天津等地的工业产业转移,借助外力完善区域功能,提升城市的影响力和竞争力。

(二)统筹推进城市发展

(1)提高中心区域整体竞争力。建成高效便利的市政服务体系和便利高效的生活服务体系,强化市区的公共基础设施建设,优化各个社区的交通布局;将"乡镇做美、县城做强、新城做大、老城做好"的思路贯穿始终,优化社区的养老服务,完善利民网络,提升城市的整体承载力;优化市区的交通布局,加快轨道交通建设,在近两年内完成高铁交通枢纽、太行山高速公路、邢台市环城高速及邢台国际机场的建设。打造一批包括邢台市博物院、邢台市国际会展中心、邢台金融大厦、邢台工会大厦、邢台市规划展览馆等在内的地标工程;打通兴达路向南、新华路向北、建设大街向东等断头路段,在莲池大街建造立体化交通桥梁,市中心拥堵路段设置过街天桥和地下通道;系统化落实包括新河路、正新路及泉北街道等市区主要交通道路的路面提升改造;部署落实中央公园工程,对市区的闲散空地加以利用改造,成为角落公园或城市绿化带;对辖区内的河流进行治理,实现市民生活环境的质量飞跃,提升居民生活的幸福指数,打造惠民工程、亲水工程;加速城市网络的全覆盖,迅速形成 Wi-Fi 信号的全面接入。

(2)促进人口向中心聚集。借助邢台市战略转型的机会,通过产业的优化升级改造和新企业的建立、老企业的规模扩张,促进玻璃产业园区、创新产业园区及国际物流园区等核心产业与城市的协调发展，快速提升劳动力转移的速度，承接产业转移的劳动力聚集效应，吸收农村和城市周边富余的劳动力资源，重点引导人口向主城区和周边的产业园区聚集，做强做大中心城区。

打造田园式的农业产业集团，明确土地流转权限和承包经营权确权登记，设置农业科技推广站，提升服务水平和现代化水平。下大力气培育邢台经济开发区、沙河玻璃产业园、宁晋线缆产业园等高规格的园区，建成一批具有国际竞争力的产业园区，强化与国内外先进企业的对接合作，有效强化经济发展的内生动力。

（3）培育城市转型特色产业。立足于邢台市的人口和资源现状，选取部分具有产业特色的县域实体和乡镇实体作为整个邢台市的区域发展核心。弥补城镇发展过程中的历史欠账，保障各类服务设施得到土地供应。通过生活的服务多元化体系，打造便利的城市生活环境。

结合当地的自然资源、矿产资源及文化旅游资源形成地域发展特色，以小核心的区域发展带动邢台大区域的经济发展，使邢台市的战略转型落到最难推动的县域经济上来，让小区域成为大区域转型升级的空间载体。

实施旅游产业化和质量强旅工程，重点推进高速公路、国省道干线至景区的旅游专用公路建设，解决"最后一公里"问题。谋划推进太行高速带支线旅游道路建设和"太行天路"旅游大道建设，使各景区互联互通，融为一体，构建旅游大交通、大网络。加快自驾车（房车）营地建设，重点抓好天河山、紫金山、大峡谷、内丘鹊山水世界、沙河五仓沟及巨鹿老漳河等15个大型自驾车营地建设项目。加快景区接待酒店（农家乐）建设，继续抓好西部山区重点景区度假型酒店建设，规范提升农家乐、旅游购物商店等服务设施。

（三）促进城市特色发展

（1）立足本地培育特色。以邢台本地的优势产业为依托，着力于资源采掘业和城市综合体的改造提升，创建多种特色产业模式，创新管理体制机制，培养一批具有邢台特色的地域经济实体，发挥这些实体的龙头带动作用。

打造邢台市各区域的旅游文化产业园区，重点发展资源深加工、文化旅游等具有邢台历史文化的产业，尤其是旅游业。加快大运河文化旅游带建设，开发建设清河油坊码头、临西清真寺等，打造运河文化旅游产品。充分发挥旅游景区的辐射带动作用，鼓励和支持周边群众依托景区发展种植养殖、特色旅游产品，延长旅游扶贫产业链，通过规范建设农家乐、精品民宿，发展"景区带动型"经济，带动周边农民增收致富。

（2）打造不同主题特色小镇。以独特的旅游文化资源为载体，挖掘各县的旅游文化和特色，罗列出不同的旅游主题，塑造鲜明的文化符号，比如宁晋县的电缆，提到沙河就能想到的玻璃产业园，打造一批优势明显、特色突出、服务齐全、产权清晰的特色小镇。

邢台具有非常悠久的历史文化，拥有着紧邻太行山的先天优势，在开发旅游度假区、国家级森林公园及高级别自然保护区等方面具有竞争力，可以发展具有北方特色的养老服务终端产业，推动民宿观光、乡村旅游等。建设柏乡牡丹园、宁晋工笔画产业园、平乡梅花拳文化园、清河万亩山楂园、威县万亩梨园、广宗葡萄小镇、平乡绿洲庄园、广宗巨鹿万亩杏园、新河红枣采摘观光园、南宫南湖度假村、南和农业嘉年华及任县休闲农业等特色旅游项目，培育旅游业发展新的增长极。

（3）重塑特色旅游形象。坚持以人民群众为核心，致力于提升广大人民群众的生活水平。尽全力抓好城市内的河流整治，包括顺水河、大仙桥等，按照转型战略的安排部署，保质保量地完成各个节点任务。在防汛设施修建上，既要兼顾防灾抗灾能力，又要与城市的特色发展趋于统一，确保规划设计与特色城市的发展要求相适应。

借助旅发大会平台，精心策划旅游品牌，强化旅游宣传营销，塑造邢台旅游新形象。继续开展央视媒体旅游形象宣传，重点做好旅发大会和"邢台号"高铁旅游宣传，组织举办内丘扁鹊庙会、邢台县桃花节、柏乡牡丹节、清河山楂节、威县梨花节及天河山爱情文化节等重大节庆活动，打造"清凉中太行、健康养生地"旅游品牌，提升邢台旅游知名度和影响力。借鉴外地先进经验，制定出台地接优惠政策，鼓励当地旅行社开展地接业务，搞好客源地市场营销，积极招徕外地游客。

(4) 大力发展全域旅游。按照邢台市的区域划分，推广全域旅游，树立起以旅游带动人民富裕的目标，深入开发现有的自然资源和文化资源，创建精品品牌。通过个体化发展、差异化发展、品质化发展，以农家乐、生态农业观光采摘、生态休闲为重点，进一步完善旅游基础设施，通过精心打造精细化旅游线路，积极探索太行山旅游体系的构建，使邢台成为京津冀旅游体系中的重要节点城市。

全力推进沙河、临城两个重点旅游片区建设，打造百里太行旅游产业带构建格局。强化国家级品牌争创力度，继续开展5A级景区创建活动，推动全域特色旅游建设，提升旅游服务与设施质量，完善旅游服务监管体系，加大、加快产业转型升级力度。抓好以太行山大峡谷国家地质公园、前南峪为核心，以天河山、紫金山、周公山、九龙峡为支点的国家5A级景区创建工作，建设大型游客集散中心、度假酒店、生态园区、古村落、特色小镇及美丽乡村等30多个项目，打造旅游观光大道250多千米，构建全域旅游配套体系，打造北方生态旅游名城和旅游强市，推进太行山区旅游再上一个新台阶。

(四) 推动产业体系多元持续发展

(1) 横向发展促进产业多元化。现代农业的发展趋势是专门化、特色化、生态化、产业化、规模化，因此要推动邢台市农业的专门化、特色化、生态化及产业化，推广农业生产的新应用、新技术，改善目前的农业生产方式，由小农经营向集约化经营、规模化经营转变，推动企业和农业专业合作社强强联合，提升发展质量，扩大规模效益；发展特色蔬菜、优质果蔬等绿色产品，打造农业特色品牌。

要扩大和提升工业产业体系，深入发展农牧产品深加工、升级装备制造业、绿色建材等，提升产业实力；承接北京、天津以及河北省其他地市产业转移，积极培育新兴产业和战略科技产业，促进经济的转型升级；推动农牧产品的精加工，使农特产品加工产业广泛吸收农村富余劳动力；统筹城镇和乡村的发展，使其成为富裕农民的有效载体。

要围绕企业、工厂、学校等大众性服务需求及本地居民的生活需求,打造特色旅游线路,带动沿线的宾馆住宿、餐饮娱乐、电子商务、金融服务、咨询服务及社区卫生服务等行业快速发展,迅速提升服务业乃至第三产业水平。多元化地发展各个行业,促进产业之间的相互协调,转移和吸收因转型升级和工厂企业升级改造带来的劳动力外溢。

（2）以产业链促进产业集群。紧紧把握京津冀协同发展的历史战略机遇,抓住国家推进的《中国制造2025》历史时机,围绕邢台市的优势产业积极延伸产业链条,大力发展绿色生态农业,创新驱动,绿色发展,加大培育新型战略产业力度,重点放在装备制造业,推行"互联网+"在各行各业的应用,提升玻璃产业的市场竞争力和影响力,打造产业园区。支持北京汽车集团与本地企业的联合,打造新能源汽车生产基地。加强宁晋县的电缆产业、临西县的轴承制造、平乡县的自行车整体生产销售等县域经济,打造一批产业群。强化工业园区的建设,全面推进清洁能源生产,构建清洁、循环、低碳、高效的绿色工业体系,引导邢台市工业向园区化、集约化、绿色化、智能化发展转型。

（3）依托重点项目实现支撑增长。受总体环境、能源限制供应、大气污染限制生产、水资源限制开采等因素的影响,邢台市的经济发展趋于缓慢,转型之后缺乏有力的产业支撑来稳定经济。针对产业转型和发展的重点方向,充分借力京津冀协同发展的历史机遇,结合河北省对邢台市的各项政策扶持以及金融政策倾斜,系统梳理邢台市所能承接的产业转移项目以及符合邢台市资源条件的重点工程,把资源优势转化为产业优势,打造好项目建设的基础条件,提升项目引进的竞争力,集中力量推动落实,为邢台市的经济发展添加动力。

（五）强化生态保护与绿色发展

（1）强化生态区保护,确保区域功能不退化。在邢台西部地区的保护林地、湿地公园、国家森林公园等重要生态区设置"警戒线",只能增多,不能减少。优先保护已经建成的生态旅游区,如崆山白云洞、邢台大峡谷等,加快其他正在建设的风景旅游区、名胜古迹旅游区的保护,强化区域内速生林、公益林的建设,打造邢台区域内重要的生态屏障。

（2）强化水资源、大气环境支撑力。确立保护邢台区域内的生态用水前提，优先规划利用非自然水资源，合理开采地下水，控制农田灌溉用水量，强化农业现代灌溉基础设施建设和推广，合理调配水资源，确保工业、农业、生活用水及排放不突破生态红线，不突破环境的支撑力，逐步解决地下漏斗区等次生地质灾害问题。

落实相关的环评审批手续、排污审批手续，确保工业排放符合相关产业环境标准，在保证环境质量的前提下达标排放。强化市区的大气环境监测，确保主要大气污染源在城市环境可承受范围内。

（3）构建绿色产业体系。以构建绿色产业体系为目标，根据绿色生态经济的相关要求，按照河北省的有关要求落实。在第一产业中，提升生态农业、有机农业、绿色农业的比例，增加相关生产基础设施投资，搞好绿色营销，打造和推销农产品的绿色品牌，不断提升相关农产品的附加值和品牌效应。在第二产业中，关闭高污染、高耗能的邢台东区热电厂、邢台矸石热力发电厂，去除所有的石膏项目产能。大力推动新型战略产业、节能环保产业、新型材料加工业等产业的发展，坚持发展绿色生态工业，丰富绿色工业产品，打造绿色工业品牌。运用市场化、法治化的手段，有效处置一批僵尸企业、无证企业和高污染化工企业。第三产业中，重点发展商贸旅游、电子商务及休闲度假等服务业，提升第三产业服务比例。

（六）加速推动邢台矿业集团转型升级

邢矿集团要以党的十九大及党的十九届一中、二中、三中、四中、五中全会精神为指导，坚持质量效益优先，坚持市场导向、问题导向，坚持依法治企，积极稳妥推进转型升级，做好增量、盘活存量、主动减量，打造"煤为基础、多元支撑、机制灵活、效益突出、安全稳定、绿色低碳"的综合型现代化企业。

（1）树立科学转型思想。第一，正确处理宏观调控与市场调节的关系。要始终坚持市场在资源配置过程中的决定作用，更好地发挥地方政府组织、推进和协调作用，不断强化市场手段、法治手段去产能。先进的产能应保尽保、落后的产能应退尽退、引导退出的产能充分尊重市场机制和企业意愿；坚持以持续明确的标准体系去产能；坚持从严从重执法、坚决杜绝政府和企业的违法违规行为。

第二，正确处理长期与短期的关系。着眼于完成好当下的目标任务；着眼于化解当下的突出矛盾，努力做到"稳定、稳价、保供、安全、依法、有序"；立足长远促进健康发展，着重做好"僵尸企业"清退、转型升级、兼并重组和优化布局工作；建立健全长效机制，包括减量化生产、中长期合同、最低库存和最高库存、防范价格异常波动、增减挂钩减量置换指标交易以及严格控制劣质煤炭的生产流通和进口等。

第三，正确处理加法与减法的关系。既要发挥好优质产能作用，又要去除无效低效产能。随着产能削减的持续推进，在适当增加优质产能供给能力的同时，加速低效无效产能退出，掌握好基本原则——总产能只减不增，确需增加的产能必须是安全的、高效的、清洁的产能，优先发展环境成本低廉的产能；结合市场变动情况，严格统筹安排增减，合理接续。

第四，正确处理需求与供给的关系。煤炭和钢铁的去产能首先要保障市场供给的总量，不断提高供给质量，优化供给布局和供给结构。

（2）以煤为基础，形成多元支撑格局。按照"安全绿色、效率效益、稳定就业"的标准，以老母坡矿为样板，以金谷煤业、邢美矿业为基础，适度整合优质焦煤资源，走资源结构优化、组织集约高效、运营专业创新的新型发展道路，打造升级版的煤炭产业。同时，培育壮大能够对冲煤炭市场风险的支撑型产业，打造集地质旅游、休闲度假、生态农业于一体的地质旅游产业，打造升级版的化工产业、医疗养老产业、具有强大竞争力的综合性建筑施工产业，实现科研教育、后勤服务等产业平稳运营。

（3）激活企业机制，突出经济效益。坚持效益优先原则，实现企业战略转型。各类"适宜混合"的项目或产业，按照"宜独则独、宜控则控、宜参则参"的原则，积极探索混合所有制发展模式；对现有合作共建的项目，积极引入第三方参与，齐心协力，共同把合资企业做得更好；积极完善现代企业制度，提高企业运行效率，遵循市场经济运行规律，配套建立灵活高效的企业运行机制。突出效益优先原则，坚持节流与开源并重，妥善处理产出与投入的关系，千方百计地降低成本、增收益。

（4）建立健全安全管理的长效机制，走绿色低碳发展之路。严格按照行业标准推进安全生产标准化建设，建立健全安全管理的长效机制。突出"狠抓现场"和"狠抓落实"，大力提高安全工作执行力。本着积极稳妥的原则，积极推进企业改革，坚持切实解决问题和疏导引领，把各项改革方案做得更细致、更周全，守住民生底线，追求共赢的结果。以转型升级、优化结构、科技创新等手段，不断探索绿色低碳发展之路。主动做好环保工作，上齐手段，规范运行，为环境治理尽到企业的社会责任。

第三节 推进特色小镇健康合理建设

特色小镇建设处于城市与农村的中间，是乡村振兴的一种有效形式，同时在城乡融合发展中起着重要作用。浙江省初次提出了特色小镇这一概念，并且对特色小镇进行了研究和实践探索，发现特色小镇建设是符合经济发展规律的，同时也符合城乡关系发展规律，对经济转型升级、新型城镇化建设有着不可替代的作用。在新的历史时期和新的发展阶段，特色小镇是创新的探索和成功的实践，它的发展和成就得到了国家的高度认可，并出台了一系列的相关支持政策。国家发改委根据特色小镇建设现状指出，特色小镇主要聚焦于特色产业和新兴产业，与行政建制镇和产业园区不同。特色小镇的建设必须抓住"特色"和"新兴"。在此背景下，2016年8月，河北省人民政府出台了关于特色小镇建设与发展的相关政策，为河北省建设特色小镇制订了发展目标和行动计划，并指出力争通过3至5年的努力，培育建设100个左右因地制宜、科学规划的特色小镇。在政府出台的一系列政策影响下，河北省特色小镇不断发展，体系日趋完善，虽然与国外和国内高水平的特色小镇相比还存在较大差距，但是作为城乡融合发展的重要载体，特色小镇是河北省大力推进的，为了能使特色小镇很好地发挥载体作用，必须推进特色小镇持续健康合理发展，从而推动河北省乡村振兴和城乡融合发展。

一、深化体制机制改革，规范特色小镇建设

要使特色小镇建设更加规范，必须深化体制机制改革。因此，要从处理好政府和市场的关系、保障各要素的配置、完善投融资体制机制及优化运营管理等方面出发，促进特色小镇健康合理建设。

（一）处理好政府与市场的关系

党的十八届三中全会明确指出了政府与市场的新型关系，即发挥好政府的引导作用，让市场在资源配置中起决定性作用。而厘清政府与市场的关系对于特色小镇的建设和发展至关重要，因此特色小镇要尊重市场的运作方式，发挥市场的决定性作用和政府的引导作用。具体做法如下：一是政府应发挥好对特色小镇建设的引导作用。首先，政府应根据实际情况对特色小镇进行规划和编制，如根据产业优势、地域环境、历史文化等来对特色小镇进行规划和编制，让特色小镇突出特色、放大特色。其次，政府应注重特色小镇的基础设施和公共服务建设，加大对基础设施和公共服务的资金投入，制定相关的政策来维护基础设施和公共服务；同时，政府应保障好各方面的要素配置，如对土地、资金、人才等要素的合理配置，根据不同类型的特色小镇，做出不同的要素配置，如对于旅游型特色小镇投入更多的资金。再次，政府应积极引导特色小镇对文化内涵的挖掘和传承，严格要求对该方面的建设，可以出台相关的政策加以要求。最后，政府应引导对生态环境的保护，要求环境绿色发展。如对于投资商按照绿色建筑建设的，在财政、税收、审批方面给予全力支持。二是以企业为主体，市场化运作方式促进特色小镇建设和发展，减少政府在特色小镇建设中的过多干预，让市场在特色小镇的建设和发展中起决定作用，积极引导企业参与对特色小镇的规划设计和运营管理，充分调动企业的积极性，推进市场化运作，如可以实行PPP、BOT等模式，让民营企业参与建设特色小镇。

（二）保障各要素的配置

特色小镇建设要在土地、资金、技术、人才等要素上进行合理配

置。一是在土地要素上，首先要为特色小镇建设提供更多的用地优惠政策，减少烦琐的用地程序，如特色小镇建设用地可以直接由乡镇政府的相关部门审批，不用再到县级以上的相关部门走程序，对于特色小镇建设用地做出计划保证和优先安排，为不同类型的特色小镇做出用地指标安排，同时也要制定用地指标的奖惩制度，对于按规划完成的进行奖励，对于超出规划内的进行惩罚。其次，实行城乡建设用地增减挂钩，建新拆旧，对土地进行整理复垦，支持对废荒地的开发利用，以此来提高土地的利用率。二是在资金要素上，加大中央财政对特色小镇建设的资金投入，可以通过调控手段来保证资金的要素，如可以利用项目上的支持、财政上的减免、贷款上的补贴等手段来加大骨干企业的投资力度，还可以通过实行 PPP、BOT 等模式来促进社会资金对特色小镇的投入。三是在技术要素上，政府应积极引导特色小镇与城市新技术的交流，大力引进互联网、新材料、大数据、人工智能及生物技术等新技术，保证特色小镇与时俱进地运行，积极引导特色小镇发展"互联网+"的模式，为特色小镇注册淘宝、微信等账号，建立人工智能技术，如智能交通设施服务等。四是在人才要素上，政府首先要为特色小镇提供人才要素上的支持，对于不同类型的特色小镇配备不同类型的人才，如在科技创新小镇，应提供高端设计师、规划师及科技创新者等；在农业特色小镇，应提供农业专家、农业研究员等。其次，鼓励企业与大学联结，为大学生提供创新创业平台，这样，特色小镇有了大学生的引领，大学生也有了实践的基地。最后还要注重对内部人才的培养，如对当地民间手工艺人群体的培养。

（三）完善投融资体制机制

资金不足成了特色小镇建设和发展的障碍之一，为克服这一障碍，就需要积极拓展投融资渠道，并创新投融资体制机制。首先应加大中央财政对特色小镇建设的财政投入，光靠政府的力量是比较薄弱的，还可以研究设立特色小镇建设的专项项目基金，以此来促进特色小镇基础设施和公共服务建设，建立良好的人居环境，从而拉动高端企业和高等人才的集聚。其次，大力推进政府和社会资本的合作，以政府资金来撬动社会资金，也就是政府出资金搭好有利的平台，通过

PPP模式来吸引更多的社会资金，让政府和社会共同参与特色小镇的建设和发展，为特色小镇的建设增添活力。再次，鼓励开发银行、农业发展银行、农业银行等金融机构对特色小镇的金融支持，如在信贷政策上对特色小镇给予优惠等。最后，应实行责权一体，以此来防止政府的债务扩大，实行"谁发债、谁负责、谁偿还"的方式，也就是中央政府不为地方政府承担债务责任，地方政府不为投融资平台承担债务责任。创新投融资体制机制，是特色小镇长久健康发展的必然要求，要不断地发掘合适的投融资体制机制。

二、科学制定规划推动特色小镇建设

马克思主义城乡关系思想给我们的启示是，要进行科学规划，注重突出特色、农村文化的传承，以及农村经济的发展，才能够带动农村社会的发展，实现城乡一体化发展。而科学规划是特色小镇成功的前提，因此河北省特色小镇在建设中要因地制宜地进行科学规划，主要在突出特色、文化的传承与发展，以及农村经济带动等各方面做好规划，才能起到促进城乡一体化发展的作用。具体内容如下。

（一）注重特色规划

特色小镇作为城乡融合发展的桥梁，受到了各地区的重视，为了促进乡村振兴和城乡一体化发展，必须使特色小镇健康合理发展，因此我们应重视对特色小镇中的特色做出科学的规划。特色小镇的关键是特色，只有具有特色才能被称为特色小镇，所以特色小镇在规划中，应注重找准特色、凸显特色、放大特色、经营特色，让特色成为小镇最大的亮点，避免出现千篇一律的局面，而要打造"一镇一风格、一镇一特色"的局面。首先应找准特色。产业是特色小镇建设的重要根基，在特色小镇建设中注重挖掘产业特色，把握好产业定位，根据当地发展的实际情况，挖掘出来的产业应具有一定的知名度，招牌性强。如根据产业优势，建设特色产业小镇；根据历史文化优势建设特色文化小镇；根据建筑优势建设特色建筑小镇；根据生态优势建设生态特色小镇等。找准特色，是特色小镇建设最根本的要求，也是特色小镇建设的关键一步，所以一定要找准特色。其次，特色小镇找准特色后应凸显特色。特色产业应突出实用性和功能性,以起到传承和发展文化的作用等来凸显出特色,如以葡萄为主的特色产业,应突出葡萄的实用性和功能性,同时通过传承和发展关于葡萄的历史文化等,凸显特色。最后,应放大特色。特色小镇建设要放大产业特色,就应该研究特色产业的发展模式、发展路径等,如创新产业链,延长产业链,创造出最大价值链。如以种植葡萄为主的特色产业,应创新葡萄产业链,发展葡萄酒产业、葡萄干产业以及旅游观光产业等,使用新的发展模式,如"互联网+葡萄"模式,打开葡萄产业市场,来放大葡萄特色产业。

(二) 注重乡土文化的传承和发展

乡土文化是在特色区域长期积淀形成的,具有浓厚的物质文明、精神文明以及生态文明,乡土文化包含民俗风情、古建筑、村规民约等诸多方面。乡土文化在特色小镇建设中具有独特的魅力,是特色小镇的灵魂,所以特色小镇建设要注重文化的传承和发展。一要在特色小镇建设中,首先,加强对古建筑的保护与改造,应做到加强法律保护意识,严格遵守关于文物保护的法律法规,加强对古建筑的保护和开发利用。其次,在保证原有古建筑文化的基础上,对古建筑进行保护性修复,要做到"轻形式,重细节",删除细枝末节,保留原有的古建筑特点。最后,要提高全体人们的保护意识,只有人们自觉地保护古建筑,才能使古建筑长久保存下来,所以对人们进行古建筑知识的培训,开展"保护古建筑"主题活动等形式,提高人们的素质和道德意识。二要在特色小镇建设中,将乡土的文化艺术内涵融入产业产品中发展。在产品上,挖掘农产品的文化价值,在农产品的包装设计上、外观造型上以及形式构造上,增加文化创意,体现出乡土文特色,以提高产品的吸引力和竞争力。在产业上,将乡土的文化内涵融入产业中,有利于乡土文化的传承和发扬。要做到挖掘产业文化特色,可以通过田园风光、绿水青山等乡土资源,大力发展休闲农业、观光农业;可以通过特色民族、民俗文化资源,大力发展乡村手工艺、民族手工艺以及民族文化创意产业等。三要在特色小镇建设和发展中,多举办民族、民俗活动,使村民们产生情感共鸣,拉近人与人之间的距离。提高村民的幸福感是特色小镇建设重要目标之一,而其形式之一就是彰显浓厚的特色民族、民俗文化,大力开展民族、民俗活动,如乡村休闲娱乐活动,多举办跳广场舞、扭秧歌、戏曲比赛等活动。所以,特色小镇建设应注重乡土文化的传承和发展,不仅能提高村民参与特色建设小镇建设的积极性,还可以为特色小镇建设和发展提供丰富的乡土文化资源。

(三)注重对农村经济的带动

目前,农村经济的发展是党中央非常重视的,农村的发展水平关乎我国城乡一体化的发展。党的十九大提出了乡村振兴战略,把乡村的振兴标为重点,而特色小镇作为乡村振兴的主要平台,在建设和发展中农村经济的发展有着非常大的影响,因此特色小镇建设应做到以下几点。一是特色小镇应加强同大、中、小城市的联系,吸引资本、技术、人才、信息、市场流入特色小镇,促进特色小镇经济的发展,再通过特色小镇的辐射作用,带动周边农村经济的发展。二是特色小镇应大力发展特色产业,创新产业链,促进产业达到最大的效益,实行产业化经营模式,产业的发展需要更多的劳动力,拉动当地村民就业,促进农民的增收,进一步拉动农村经济增长。三是特色小镇应在加快自身经济发展的同时注重基础设施和公共服务的完善,改善特色小镇和周边农村的居住环境,提高农民的生活质量,增强农民的幸福感指数。因此,在特色小镇建设规划当中,注重对农村经济带动的规划是一个科学的选择,只有这样,才能得到农民的大力支持,减少建设的阻力,进一步加快特色小镇合理建设的步伐。

三、完善基础设施和公共服务,促进特色小镇建设

基础设施和公共服务的建设体现着一个特色小镇建设和发展的水平,健全的基础设施和公共服务可以反映出特色小镇的建设和发展高水平;反之,则反映出特色小镇的建设和发展水平低,所以应该不断地完善基础设施和公共服务建设,来提高特色小镇的建设和发展水平。要想建立健全城乡融合体制机制,基础设施和公共服务建设至关重要。对于河北省特色小镇的建设,要完善基础设施和公共服务,应

第六章 "千万工程"与城乡融合

从建立合理的供给机制、加大中央政府的财政投入、加强后续管理和保护等方面出发。

(一)建立合理的供给机制

河北省各级政府必须重视特色小镇的基础设施和公共服务供给不足的问题,采取相应的措施来解决此问题。建立合理的供给机制是各级政府的最佳选择。首先,政府应制定相关的优惠政策来调动农民的积极性,来引导农民投入基础设施和公共服务的建设中来,这样,基础设施和公共服务的建设才有足够的劳动力,基础设施和公共服务在劳动力方面得到有效的供给,才有利于推进基础设施和公共服务的建设。其次,改变基础设施和公共服务的供给决策机制,由"自上而下"的供给决策机制向"自上而下"和"自下而上"相结合的供给决策机制转变,建立基础设施和公共服务的回馈平台,倾听农民的声音,满足农民的要求,充分尊重农民的权利,构建从满足农民要求出发的基础设施和公共服务供给制度。最后,允许市场参与基础设施和公共服务建设,市场的参与可以改变基础设施和公共服务滞后、供给不足的情况,市场可以带来先进的发展理念、先进技术等,淘汰落后的基础设施和公共服务,建立先进的基础设施和公共服务,以此来满足对特色小镇的供给;同时,与时俱进的理念使基础设施和公共服务不断更新,彰显出特色小镇发展水平。建立合理的供给机制至关重要,只有这样,才能使基础设施和公共服务得到发展,满足人们的各种需求。

(二)加大中央财政的投入

在特色小镇建设中,对基础设施和公共服务的投资,政府仍然处于主导地位,而政府的投资力量是非常薄弱的,导致基础设施和公共服务成为特色小镇建设和发展的短板,是特色小镇发展路上的"绊脚石",所以应加大中央财政的投入力度。首先,中央财政对特色小镇的基础设施和公共服务投入应遵从公平优先、效率兼顾的原则,由中央政府将专项资金转移给当地政府,而当地政府将这部分资金投入特色小镇基础设施和公共服务建设,从而减轻特色小镇建设的财政压力和负担。其次,在中央政府加大财政投入力度基础上,相关部门应加强配合力度,有效地整合下拨资金,防止资金的分散、利用率不高等现象发生,同时应加强监管力度,公开资金发放的透明度,保证资金的真正落实。

(三) 加强后续管理和维护

特色小镇的基础设施和公共服务得不到完善的原因之一是后续管理和维护得不到加强,因此发挥不到实际效益,在河北省特色小镇建设中出现"重建设,轻管理"的不良现象,容易导致特色小镇经济发展缓慢,人们的生活水平低下,幸福指数逐渐下降,造成社会不稳定,道德素质低,破坏基础设施和公共服务,因此,加强后续监管力度和大力提高大家的保护意识对于特色小镇的健康发展至关重要。首先,应利用国家划拨的部分专项基金对基础设施和公共服务进行维修保护,做到定期对基础设施和公共服务进行检查和维修,延长基础设施和公共服务的寿命。其次,要针对特色小镇中的基础设施和公共服务制度相关法律法规,用相关法律法规来约束和控制对基础设施和公共服务的使用,以此达到对基础设施和公共服务的法律保护,同时也可以针对基础设施和公共服务保护制定奖惩制度,通过区域划分来管理和保护基础设施和公共服务,定期进行考核。如将基础设施和公共服务划分为A、B、C等区域,如果某区域管理维护得好,就进行奖励;某区域管理和维护比较差,就进行惩罚,通过奖惩制度来提高人们管理和维护的积极性。最后,要充分重视对相关工作人员以及农民的文化道德意识的提高,提高对基础设施和公共服务的管理和维护意识是非常关键的一步,保护意识不提高,无论再怎么管理,也没有效果。基础设施和公共服务的发展需要全体人员的参与,所以应定期在特色小镇以及周边各地区进行对基础设施和公共服务的保护意识宣传,定期对大家进行培训,提高人们的素质,有利于对基础设施和公共服务的管理和维护。总体来说,特色小镇的基础设施和公共服务形成"有建设有管理、建设和管理并行"的局面,同时人们的素质需要大大提高,共同参与保护,将有利于提高人们的生活质量,进一步促进特色小镇持续健康合理建设,带动乡村的振兴。

第四节 优化城镇空间结构

城镇空间结构是区域城镇在地理上的投影，和城镇发展具有密不可分的联系。河北省人口众多，经济体量大，且临近北京、天津，具有非常好的地理优势，但河北省的城镇化进程中存在诸多问题，对新型城镇化建设存在一定的阻碍。根据新型城镇化赋予城镇建设的新内涵，结合河北省城镇进程中出现的各种问题，笔者从城镇空间结构角度入手，对河北省城镇空间结构进行优化。通过对城镇空间结构的组合优化，为产业发展提供更加广阔的空间，有利于解决河北省当前城镇化进程中出现的问题，实现新型城镇化发展战略目标。

一、城镇空间结构定义及内容

城镇是由自然资源、地理环境、气候等自然因素和政治、人文、交通条件等社会经济因素合力形成的结果。通俗来讲，城镇是不同种类的活动因素在地理空间上大规模聚集而形成的产物。根据活动因素种类、聚集程度及地理位置的不同，城镇呈现出不同的发展规模和内在特点，这些不同城镇在空间上的分布形成了城镇空间结构。因此，笔者定义"城镇空间结构"为一定区域范围内城镇在地理空间上的组合形式，也是城镇体系中的社会、自然和经济特征的空间表现形式。

（一）城镇空间结构的构成要素

城镇空间结构由三点要素构成，分别是节点体系、线及网络和空间域面。节点是基本构成要素，是指在一定地理空间内经济活动极度聚集形成的中心化区域。节点本身是一片集聚的地理空间，其具有完善的功能系统、独特的地理位置。除此之外，节点是一个相对的概念，它是参照研究区域范围而设定的，在不同的参照情况下，具有不同的表现形式。节点之间并非独立的，由于贸易往来而存在一定的相互关系。节点关系有五种，分别为互补关系、从属关系、依附关系、松散关系和排斥关系。互补关系指的是节点在地域上通过各自分工协作完成产品生产，节点在产业上具有不同的布局，通过流通贸易满足市场需求。从属关系主要表现为政治上的从属；依附关系是指经济上的依附，卫星城是依附关系中的典型代表；松散关系是指节点的联系并非固定的，时而联系时而各自发展；排斥关系是指节点间在经济发展上存在相互竞争关系。

节点内部的功能系统和节点间的相互关系引申出城镇空间结构体系中的"线"和网络要素。"线"在城镇空间结构中表现为交通路线、市政工程路线和通信路线等，"线"在空间上的组合形成网络。通过"线"和网络实现空间地域中节点与节点的关系互动，实现城镇内部系统功能的正常运行。在对"线"要素进行分析时，重点应关注交通路线。交通路线是进行资源流动、经济贸易的空间载体，交通网络是实现整体区域范围内经济健康稳定发展的基础。

域面是节点和线的基础，泛指除了"节点"（城镇）、"线"（交通网络）以外的农村区域。域面的发展与区域整体经济发展具有十分紧密的关系。通常而言，域面的经济基础越好，区域间的节点数量越多，网络系统越发达，有利于完善区域内城镇功能和空间秩序；域面的经济基础越差，节点的经济流通性越差，不利于区域整体的协调发展。

（二）城镇空间结构的基本特点

根据城镇空间结构的定义及内容可以归纳总结出四大特点，分别为系统性、功能性、区域差异性和综合性。

系统性反映的是空间体系中城镇间相互联系密不可分的特点。信息时代的到来使得城镇间的联系更加密切，每个城镇都不是一个独立存在的个体，而是在和其他城镇相互联系中发展起来的，逐渐形成一个完善的城镇系统。根据研究范围的不同，一定程度上的城镇空间所构成的系统又是更大研究范围内的子系统。城镇在空间上所形成的系统十分复杂，但在复杂的表面下，它们表现出非常有序的内在联系，每个区域的城镇空间结构都是在内在机制的驱动下形成的。功能性主要体现在三方面，分别为指示作用、优化作用和组织作用。城镇空间结构是一定区域范围内城镇发展的产物，通过对空间结构的判定和分析，能够及时指出城镇发展中存在的问题，实现有效组织优化城镇发展的目的。区域差异性是指不同区域内空间结构形式具有较大的差别，因此，在对城镇空间结构进行优化时，不能生搬硬套，要结合城镇空间的实际情况，有针对性地做出规划。综合性反应的是城镇空间结构总是在一定程度上落后于人们的生产活动和经济发展，需要根据实时的结构特点、经济形势、发展方向等综合做出调整。

二、河北省城镇空间结构优化

（一）河北省城镇等级体系

通过系统聚类分析划分将河北省城镇划分为四类，根据省域中心城市、区域中心城市、地区中心城市和地方中心城市四大类的划分方式，笔者得出河北省城镇分类结果。笔者对河北省143个城镇进行分类并根据分类建立河北省城镇等级体系，具体是：河北省省域中心城市有两个，为石家庄市、唐山市；区域中心城市为廊坊；地区中心城市有8个，为秦皇岛市、承德市、衡水市、张家口市、保定市、沧州市、邢台市和邯郸市；地方中心城市有132个，为各地级市辖区范围内的县级市、县级别的城镇。

（二）河北省城镇归属划分

（1）河北省城镇组团。在河北省城镇等级结构的划分结果中，通过ArcGIS测算各城镇之间的平均交通距离、平均达到时间，计算经济隶属度数据和中心城市可达性数据，并根据两种数据分别进行城镇组团划分。

经济隶属度数据和中心城市可达性数据在个别城镇组团划分中出现不一致的现象。例如，辛集市在经济隶属度上属于石家庄城镇组团，在中心城市可达系数上属于衡水城镇组团；兴隆县在经济隶属度上属于唐山城镇组团，在可达系数上属于承德城镇组团等。

（2）河北省城市组群。在河北省城镇等级体系中，石家庄市、唐山市为省域中心城市，廊坊为区域中心城市。因河北省城镇规模结构存在明显的差异，石家庄市、唐山市不足以成为全省区域发展的增长极城市，在从城镇组团向城市组群重组的过程中，除了构建石家庄市、唐山市城市组群以外，还要考虑把区域中心城市廊坊市也作为核心城市进行城市组群构建。在城镇组团划分的基础上，根据河北省城镇等级体系，对地方中心城市所建立的城镇组团向区域中心城市、省域中心城市城镇组团进行归属划分。其中，衡水城镇组团、邢台城镇组团及邯郸城镇组团在经济隶属度和中心城市可达性指标上均归属于石家庄城镇组团，形成以石家庄市为核心的石家庄城市组群；承德城镇组团和秦皇岛城镇组团在两个指标上均归属于唐山城镇组团，形成以唐山市为核心的唐山城市组群，张家口城镇组团归属于廊坊城市组群，沧州城镇组团归属于唐山城市组群，保定城镇组团归属于石家庄城市组群。

通过建立河北省143个城镇等级体系，根据经济隶属度和中心城市可达性两个指标，逐次进行城镇组团归属划分、城市组群归属划分，最终把河北省分为石家庄城市组群、唐山城市组群和廊坊城市组群。

新型城镇化从严格意义上来说并非一个学术名词，而是以民生、可持续发展和质量为内涵，以追求平等、幸福、转型、绿色、健康和集约为核心目标，以实现区域统筹与协调一体、产业升级与低碳转型、生态文明和集约高效、制度改革和体制创新为重点内容的崭新的城镇化过程。因此，通过对新型城镇化内容的分析可以发现，新型城镇化仍属于城镇化范畴，是我国政府赋予新时期城镇建设的要求和重点。基于这种认识，河北省城镇空间结构优化的静态目标应严格遵循新型城镇化的建设内涵、核心目标，以统筹发展、产业升级、集约高效和制度创新为重点划分城市组群，根据唐山城市组群、石家庄城市组群和廊坊城市组群各自的产业规模、地理优势及城镇特色等因素综合规划，为建设河北省新型城镇化提供良好的空间发展基础。

唐山城市组群中，以唐山城镇组团、秦皇岛城镇组团和沧州城镇组团中的沿海城镇为主，构建河北省沿海城市带。同时，以承德城镇组团作为承接沿海城市内陆产业的有效支撑，既能够推动沿海城市产业变革，又能促进自身发展。为此，一方面要加快步伐壮大中心城市规模：唐山市要依靠资源优势，优先发展海洋产业，促进工业产业升级；秦皇岛市在已有海洋资源产业的基础上持续发力，响应国家政策号召，建设高新技术产业基地；沧州市应不断完善城市功能，建设成为环渤海现代化的港口城市；承德市应继续发展旅游服务产业，建设成为河北风景旅游城市。另一方面，要加大力度培养基础良好，发展潜力大的中等城市，如迁安市、任丘市、黄骅市等，逐渐形成大、中、小城市协同发展，产业有效过渡发展的城市组群。

石家庄城市组群中，充分发挥交通资源优势，合理确定城市职能分工，打造一批批各具特色的产业园区。石家庄市要不断提高省会城市的重要性，加强各方资源的聚集效应，继续发展第三产业，逐步成为河北省第三产业经济发展增长极城市。邯郸市要充分发挥地理位置所带来的机遇，利用良好的经济基础和历史文化城市底蕴，逐渐打造成冀、鲁、豫、晋四省交界的区域中心城市。邢台市和衡水市要不断优化产业结构，完善城市功能，提高中心城市对周边区域城镇的带动作用。保定市一方面依靠石家庄城市组群的丰富资源，不断发展城市规模，另一方面，要作为北京部分非首都功能的承接区，完善各项城市功能。

廊坊城市组群中，廊坊城镇组团、张家口城镇组团应在已有产业基础上统筹发展，充分利用京津冀一体化战略背景的发展机遇，积极整合周边资源，不断发展城镇规模，着力构建，成为环京津经济发展的重要区域。

(三) 城市组群发展轴线

城镇空间组织有两种形式，一种为城镇空间组团，另一种为城镇发展轴线。城镇空间组团把各城市节点的流通过经济、空间联系程度分析结合到一起，为城镇间的相互发展提供了更为宽阔的地理框架，能够更为有效地带动区域经济发展。城镇作为空间结构中的重要的组成部分，并非仅仅指的是地理空间意义上的连续，而是以"节点+轴线"的方式带动自身及周围地区的发展。仅依靠城镇空间重组不仅无法完成城镇组团间流的流通，甚至可能会造成更大区域范围内的城镇空间发展失衡现象。因此，为了促进流、节点、通道、网络的形成，完善城市间相互作用的系统功能，应在城镇空间组团的基础上，根据各城市间的交通网络构建城市组群发展轴线。

河北省内环京津，公路、铁路运输量居全国第一，具有庞大、便利的交通网络,在此基础上构建河北省城市组群的发展轴线。根据河北省公路、铁路交通路线,在河北省城市组群划分的基础上把发展轴线分为两级:一级发展轴线穿过河北省东西南北,呈"大"字形分布;二级轴线连接各级城镇,呈"环"形。

一级发展轴线有三条:第一条由张家口、唐山、秦皇岛等地区构成东西轴线,以京哈高速、京藏高速、京新高速、G110国道、G102国道以及大秦线等为主要交通路线;第二条由承德、邢台、保定、邯郸、石家庄等地区构成南北轴线,以大广高速、京港澳高速、G107国道、G101国道、京九线、京承线、京石高铁及石郑高铁等为主要交通路线;第三条由北京、廊坊、沧州等城镇构成南北轴线,以京台高速、廊沧高速、京沪高铁等为主要交通路线。三条发展轴线呈"大"字形分布,囊括河北省10个地级市。

二级轴线是在一级轴线的基础上由河北省周边城市的交通线路组成。二级发展轴线有三条:第一条由首都环线高速、京昆高速、黄石高速、G307国道及石德线等主要线路构成,沿途包含张家口、保定、石家庄、衡水、沧州等城市;第二条由京港澳高速、邢衡高速、黄石高速等为主要交通线路构成,沿途经过邯郸、邢台、衡水、沧州等城市;第三条由京哈高速、唐津高速、长深高速、京沪高速、津秦高铁和京沪高铁等主要线路构成,经过秦皇岛、唐山、沧州等城市。二级发展轴线总体呈"环"形分布,与一级发展轴线共同构成交通网络,从而实现各个城市间的相互连接。

(四)优化城镇空间布局和形态,打造京津冀城市群

河北省为实现2020年全省新型城镇化建设与城乡统筹发展目标,面对目前本省人口城镇化水平较低、城镇布局形态不合理、城市经济整体实力较弱等突出问题,紧紧抓住《国家新型城镇化规划》和《京津冀协同发展规划纲要》等,为本省加快新型城镇化发展开辟广阔空间的大好机遇,于2016年2月提出了"构筑'两翼、四区、五带、多点'的城镇空间结构、促进京津冀城市群多城联动、协同发展"的建设规划。

在"两翼"建设上,作为河北省会的石家庄市是全省新型城镇化

第六章 "千万工程"与城乡融合

综合水平最高的城市,唐山市是全省经济发展水平最高的城市,在京津冀协同发展对河北省建设大城市提出客观要求的背景下,将石家庄市和唐山市打造成京津冀城市群两翼对周边影响辐射带动作用强的中心城市,不仅会带动河北中南部地区和东部地区快速发展,还会增强对京津功能的承接作用,从宽度和深度上同时加强与京津两地的合作,对京津冀的协同发展起到支撑作用。

在"四区"建设上,一是包括保定市和廊坊市的环京津核心功能区,该区域是距首都最近的城市,对北京的非首都功能应积极承接,比如加强科技研发和成果转化基地的建设,同时为了更好地发挥其核心功能区的功能,应积极推动基础设施和公共服务的发展,加快引领京津冀协同发展对其他城市的影响作用,实现保定市、廊坊市与京津的率先联动发展。二是包括秦皇岛市、唐山市、沧州市的沿海率先发展区,该区域融入了"一带一路"倡议和环渤海合作格局,三个城市都是沿海城市,对进一步推进京津冀开放开发、促进港口产业城市互动发展具有关键作用,努力打造成与生态相协调的引领全省开放型经济产业聚集区与城镇发展区。三是包括石家庄市、邯郸市、邢台市、衡水市的冀中南功能拓展区,从规划上看,该区域是京津冀协同发展的战略腹地,同时是城乡统筹发展的重要示范区。应强化该区域的农副产品供给功能,加快先进制造业的发展,建设科技成果转化为产业基础,加强交通网络建设,实现多地区合作共赢。四是包括张家口市、承德市和燕山、太行山区的冀西北生态涵养区,该区域工业基础薄弱,生态环境相对较好,适合将其打造成旅游城市,提供绿色产品。在发展过程中应注重生态保护,水源涵养,构筑绿色生态产业体系,打造京津冀生态安全屏障和国家生态文明先行示范区。

在"五带"与"多点"建设上,"五带"包括京石邯城镇发展带、京唐秦城镇发展带、沿海城镇发展带、石衡沧城镇发展带和京衡城镇发展带,依托高速、铁路等基础建设,以城市为核心,带动沿边县级区域的发展;"多点"指的是河北省11个设区市在京津冀协同下都有功能定位或区域性定位,如廊坊市、张家口市、承德市等城市节点的支撑作用,全省城镇化发展关系到京津冀区域的发展,更关系到全省每个城市居民的生活,因而各市都应着力推进新型城镇化建设。

总之，河北省在推进新型城镇化的进程中，应以京津冀协同发展战略为引领，沿着全省"两翼、四区、五带、多点"建设规划思路，优化城镇化空间布局和城镇规模结构，主动融入打造京津冀城市群建设中，解决京津冀区域少数特大城市过度极化、其他城市过度弱小问题，并结合京津冀实际情况，促使该区域功能得到优化配置，推进京津冀城市群协同发展。

第五节 提高城市承载力与城乡公共服务能力

推动京津冀协同发展是国家实施的重大区域协调战略之一，同时借助2022冬奥会、雄安新区设立等机遇，当前和今后的一个时期，是河北建设经济强省、美丽河北和全面建成小康社会、实现第一个百年奋斗目标的关键时期。河北在京津冀协同发展上存在独特优势，人口在京津冀三地中最多，市场潜力巨大，交通便利，交通基础设施不断完善，商贸物流发展水平较高；在工业产业发展上，具有良好的工业基础，工业发展底蕴深厚，人才众多；2015年常住人口城镇化率突破50%，实现了由乡村型社会为主体向城市型社会为主体的转变；河北省生态体系比较完善，近年对生态环境的治理初见成效。然而，需要特别指出的是，在推动京津冀协同发展的过程中，河北省是较为薄弱的环节。与北京和天津相比，河北省经济社会的发展存在着诸多难题，在商贸物流基地建设上，河北物流业发展模式较为粗放，现代物流基地建设较慢；在产业发展上，河北的产业结构依然偏重，产业层次还是偏低；在新型城镇化和城乡统筹上，城镇化质量和城乡协调发展水平不高，在生态环境上，河北省的资源环境问题如结构性污染、农村生态环境等仍然较为突出。这些问题既是河北省发展面临的重大问题，也是推动京津冀协同向更高质量、更高层次、更高水平发展的瓶颈。根据京津冀协同发展的大局和河北省发展面临的优势与问题，中共中央政治局在2015年4月审议通过的《京津冀协同发展规划纲要》中，将河北省定位为"全国现代商贸物流重要基地、产业转型升级试验区、新型城镇化与城乡统筹示范区、京津冀生态环境支撑区"，简称"三区一基地"。为了全面推进"三区一基地"建设，河北省在

第六章 "千万工程"与城乡融合

2016年相继发布了《河北省建设全国现代商贸物流重要基地规划（2016—2020年）》《河北省新型城镇化与城乡统筹示范区建设规划（2016—2020年）》《河北省建设京津冀生态环境支撑区规划（2016—2020年）》和《河北省全国产业转型升级试验区规划（2016—2020年）》等规划文件。在这些文件的指导下，河北省从发展现代物流业、推进传统产业转型、优化城镇空间布局和治理生态环境污染等多个角度推进"三区一基地"建设。

在推进"三区一基地"建设的过程中需要注意四个定位下建设工作的协调推进问题，因为这四个定位彼此之间相互联系、相互影响。全国现代商贸物流重要基地建设是基于历史和现实的必然要求，发展现代商贸物流业是产业转型升级的重要任务之一，有利于吸引人口、吸纳就业，商贸物流产业也是不会产生高污染的环保产业。新型城镇化与城乡统筹示范区建设为现代商贸物流基地建设和现代商贸物流产业发展提供了劳动力和市场，良好的生态环境有利于人口和商贸产业的聚集与发展。产业转型升级试验区建设可以吸纳大量人口到城市聚集，同时为新型城镇化和城乡统筹提供物质基础，推动新型城镇化与城乡统筹示范区的建设。产业转型升级减少高污染高耗能产业，也是建设生态环境支撑区的必然要求之一。新型城镇化与城乡统筹示范区建设为产业转型升级提供劳动力来源和原材料保障，是产业转型升级试验区建设的基础。新型城镇化与城乡统筹示范区建设推动人们生产生活方式的转变，并使人们重视生态环境问题，有利于推动生态环境支撑区的建设。京津冀生态环境支撑区建设为河北推进产业转型升级提供了重要保障，也是建设高水平高质量新型城镇化与城乡统筹示范区的必然要求。因此"三区一基地"建设需要全方位、同步协调推进，既需要重视河北"三区一基地"建设定位中每个定位的发展水平和"三区一基地"四个定位的综合发展水平，更需要重视"三区一基地"四个定位之间的协调推进情况，因为四项建设工作中任何一项推进缓慢都会对其他三项工作的推进产生影响。

2014年2月，习近平总书记主持京津冀协同发展座谈会，将京津冀协同发展提升为重大国家战略，到2020年进入中期阶段，京津冀协同发展已走过六年时间。2019年1月，习近平考察京津冀协同发情况后指出，当前和今后一个时期京津冀协同发展进入到滚石上山、爬坡过坎、攻坚克难的关键阶段，需要下更大气力推进工作。笔者在研究"三区一基地"协调发展情况的基础上，针对新型城镇化背景下河北省城乡融合发展的问题，提出提高城市承载力与城乡公共服务能力、加快污染物治理和城市生态建设的相应的对策建议，以促进"三区一基地"四个定位下工作的协调推进。

一、提高城市综合承载力

城市建设也是影响新型城镇化与城乡统筹示范区建设的重要因素。推进城市建设，一是要合理布局城市。既要重视世界级城市群的建设、中心城市的规划和发展，也要根据河北县级行政单位多的特点，培育中心城市和特色小城镇。二是要完善城市公共服务基础设施，提高基础设施承载能力，方便居民的生活，要从长远角度对基础设施建设进行规划，适应未来经济、社会和人口的发展变化；要以民生项目优先，提高设施水平和服务质量，满足居民基本生活需求；充分发挥市场机制作用，引导社会资本进入城市公共基础建设中，这样一方面可以减轻政府财政负担，另一方面，也可以提高社会资本使用效率；在城市基础设施建设中重视新技术的应用，提高城市基础设施的现代化水平，同时在建设的过程中为技术革新带来的变化预留足够的空间。

二、提高城乡公共服务水平

首先是要提高公共服务供给水平。一是要通过加强公共服务财力支撑和引导社会资本进入公共服务领域等措施，来保证公共服务的资金来源；二是要创新公共服务供给机制，完善公共服务供给和购买制度，完善绩效评价机制；三是重视公共服务技术创新和新兴技术在公共服务领域的应用，如运用大数据和"互联网+"加强对公共服务的监督和管理强化公共科学管理；四是要重视从事教育、医疗和文化公共服务人才的培养，一方面鼓励人们从事公共服务事业，另一方面加强对从事公共服务事业的人的后续培养。其次是进一步促进公共服务均等化，实现城乡、区域、人群间基本公共服务大体均衡，一是要统筹和布局各种公共资源,促进公共服务投资向公共服务薄弱的地区如贫困地区等转移;二是政府要积极发挥主体作用,一方面要对公共服务均等化发展进行统一的规划、布局和引导,另一方面,政府作为公共服务主要推动和执行者,要明确权责,重视考核监督;三是要突破体制机制束缚,完善相应的保障体制。最后,要促进京津冀基本公共服务的共建共享,一是要实现京津冀三地公共服务规划和政策统筹衔接,二是着力弥补河北在基本公共服务上的不足,建立公共服务共建共享体制机制。

三、加快污染物治理和城市生态建设

(一) 加快污染物治理

(1) 提高工业固体废弃物处理水平。河北是工业大省,在工业生产过程中存在大量工业固体废弃物。因此,"一般工业固体废物综合利用率"是影响京津冀生态环境支撑区建设的重要影响因素。提升工业固体废弃物的综合利用率水平,一是要加大对企业的宣传,让企业意识到工业固体废弃物的危害性,树立环保意识,同时建立完善的工业固定废弃物的处置体系;二是提升相关科技水平,加快工业固体废弃物综合利用技术、工艺装备的开发、示范和推广;三是对采用和安装相关技术和设备的企业进行财政补贴或减免相关税费。

(2) 减少大气污染物排放。一是要继续深入推进产业结构优化升级,发展新兴产业,淘汰高污染高能耗产业,压缩产能,同时优化产业布局,将重工业企业从城区搬出;二是要建立完善的监督机制和相应的惩罚机制,加强对企业生产进行监督,督促企业树立绿色生产理念,对于污染物排放不达标的企业,一方面要求企业停产整顿,另一方面要进行行政处罚;三是合理安排生产,引导错峰生产,制定应急停、限产措施。除了工业生产外,河北大气污染也与能源有关。一方面,工业生产过程中使用大量煤炭,造成环境污染,另一方面,在冬季取暖季,农村地区的散煤燃烧也造成了污染,所以要进一步调整能源使用结构,推进清洁能源的使用,在农村地区稳步推进"气代煤""电代煤"。

(3) 提高水资源和能源利用效率。一是要树立水资源和能源节约意识,国家有关部门应积极采取多种形式宣传水资源和能源节约;二是要加大对水资源和能源节约的相关技术的研发、推广相关技术和相应的设备;三是还需要对水资源和能源进行科学的管理,对水资源和能源的使用进行合理规划,制定相应政策,加强水资源和能源的管理,制订合理的水资源和能源价格,引入市场机制。

(二) 推进城市生态建设

在城市生态环境建设上,要推进绿色生态文明城市建设,一是需要合理规划和统筹布局,一方面可以避免重复绿化和没有绿化的情况发生,另一方面,可以合理规划安排资金和人力。二是在具体工作中将增加绿化量和绿化养护精细化管理相结合,一方面可以通过道路绿化工程、绿色廊道、生态公园等各种项目建设来增加绿化量,另一方面,要重视绿化养护管理,要成立专门绿化养护管理部门,进行统一管理,要将最新科技成果应用于绿化养护工作,提高工作效率。

第六节 促进城乡商贸流通一体化发展

商贸流通产业作为国民经济的基础性产业,它具有带动系数大、就业机会多、繁荣经济等特点。此外,商贸流通产业是连接生产与消费的中间产业,发展商贸流通业可以很好地促进城乡消费要素市场之间的连接,增强城乡产业间的互动,促进城乡在经济、文化等各方面的融合。流通产业在推动城镇化进程中发挥着重要的作用,是中国城镇化进程的重要推动力量。统筹城乡商贸,促进城乡商贸流通产业协调发展对促进城乡统筹发展、建设新型城镇化有着举足轻重的作用。河北省作为新型城镇化与城乡统筹示范区,应提高城乡商贸流通一体化发展水平,进一步统筹发展城乡商贸,以便实现城乡商贸的相互融合与互动,促进城乡商贸流通的一体化发展,从而促进城乡市场的统筹发展,进而促进城乡统筹发展,促进城镇化建设,弥补河北省城镇化发展短板,加速河北省融入京津冀一体化。

城乡商贸流通一体化发展的阻碍力量在于农村商贸流通业发展的

第六章 "千万工程"与城乡融合

滞后。因此,要提高城乡一体化发展水平,主要是促进农村商贸流通业的发展。

一、促进农业发展,缩小城乡收入差距

促进农村商贸流通业发展,促使其与城市商贸流通对接,最根本的办法在于提高农民的收入水平,使农民增收。而增加农民收入最有效的途径就是使农业增效,调整农业结构,促进农业产业结构优化升级,延伸农业发展链条,为农民建立长期增收机制。也就是说,发展农村商贸流通业,改变农村商贸业长期落后的现象,提升农村居民的生活品质,归根到底还在于发展农业。新型城镇化是与产业化协调发展的城镇化,注重产业化发展是新型城镇化的重要特点之一,这为现代农业发展提供了有力的支撑。

(一)以产业间的联动促进农业发展

农村商贸流通业的发展与农业的发展相辅相成,互相促进。一方面,农村商贸业的发展可以拓宽农产品的流通渠道,提高农产品的商品转化率,促使农业组织化、规模化、专业化的发展。同时,可以利用物流配送体系把农产品运出去,在全国甚至全球范围内进行销售,使农产品销售冲破地域的限制,增加农民收入。另一方面,农业的发展可以推动本地商贸流通业的繁荣。现代农业的发展使传统农业不断升级,为农村商贸业提供充足的货源,丰富产品类型,同时,农民收入的提高可以激发农村消费潜力,繁荣农村商贸。根据产业经济学中的产业演进规律,第一产业、第二产业与第三产业可以相互促进,联动发展。农业与制造业的对接尤其是现代食品制造业、医药保健业的对接,可以让走在现代化前端的食品制造业、医药业带动相对落后的农业,促使传统农业优化升级,促使农业生产适销对路的产品。例如,大健康时代的到来,人们越来越重视健康,许多医药企业向食品保健方向发展,比如仲景药业、江中制药等,这些医药企业将医药保健品快销化,并且沿着生产链开始建基地,从事农业生产,俨然成了农业企业。通过产业对接,提高农产品的附加值,增加农民收入。根据凯恩斯的消费函数理论,收入增加,消费也会相应增加,能够从根

本上激发农村商贸业的活力。

（二）农业服务化，延伸农业发展链条

根据制造业的"微笑曲线"理论，我们知道制造企业最赚钱的在两端，即研发与服务，研发需要大量的资本投入，一般企业难以做到，但是服务是大部分企业都可以做到的，做好产品服务可以提高企业的利润率，提高企业竞争力，因此服务化成为制造业发展的一大趋势。同样的，农业也可以向服务化发展，比如发展观光休闲农业、康养农业、教育农业及体验农业等，在传统农业的基础上附加观光、康养、教育、体验等功能，使农产品的附加值得到极大提高，农业效益获得成倍，增加农业整体的竞争力。河北省应充分利用本省的农业优势、自然景观与人文历史优势，结合"美丽乡村"建设行动，结合当地实际，打造各种新模式的旅游，例如，在崇礼、坝上、白鹿等自然资源比较好的地区发展观光休闲农业与康养农业，在西柏坡、涉县等红色资源丰富的地区发展教育农业，在城郊等地区发展体验农业等。

（三）发展特色农业，打造地域品牌

许多经济发展向好的农村已向我们证明，发展特色农业、打造本地的特色农产品可以极大地提高农民的收入水平，繁荣当地经济，加快新农村的建设。对于每一个农村来说，要提高本村的竞争力，就必须结合自己的资源优势，发展特色产品，通过实施差异化战略提升自己的竞争优势。一村一特色、一乡一特色是未来农业的发展趋势，根据河北省县多且都比较小的省情，我们可以实行一县一特色的发展战略，通过县域特色农产品的整合，使本地特色产品可以形成规模化的发展，更加提高竞争力，并且在省内已有很看好的发展例子。例如迁西板栗、饶阳葡萄、清河羊毛等。另外，在发展中要注意品牌的打造，品牌的打造可以扩大农产品的知名度，还可以提高农产品的价格，附加在品牌上的价值不可忽略。我们可以以产地为品牌，进行宣传、打造，从而提高整个区域的农产品的知名度，提高本区域农民的收入。

二、优化商业网点布局，扩大消费

商业网点是农村商贸业发展的基础，是居民消费的重要场所，所以必须重视商业网点的布局。首先应重视乡镇商业街的建设。在乡镇主要是沿街设立店铺，它是农村居民进行消费的主要场所。依托新型城镇化建设的契机，各地可以根据本地的发展趋势与规划建设商业街。在人口密度比较大、已经有一定发展规模的镇上建设商业街。在这类商业街可建设小型的综合购物中心、建设中型超市、专业店、折扣店以及餐饮、娱乐等。其次，根据新型城镇化建设新型农村社区的需求，建立社区商业。该类商业主要为社区居民服务，可建设便利店、生鲜超市、小吃店等。最后，发展农村商贸，优化其布局，与城市商贸相衔接，需要大力发展乡镇连锁经营。目前，农村地区仍存在消费不便利、产品质量不高、支付方式单一等问题，这些可以通过连锁企业统一规划商业网点、统一配货、统一配设备等方式来解决。连锁企业，可以以城市连锁店为龙头，以节点镇连锁店为骨干，以农村店为基础形成统一的经营，便利农村居民消费，同时，使农村商贸与城市商贸对接。

三、壮大农村流通主体，扩大交易额

（一）推进供销社改革

供销合作社是计划经济体制下农村商贸流通的主要渠道，在市场经济体制改革中，市场放开，流通方式多元化，供销合作社失去了其应有的作用与功能，因此供销社的改革势在必行。供销合作社要改变其单一的购销功能，向综合服务方向发展。供销合作社可以利用其拥有的庞大的销售网点与连锁企业合作，发展连锁经营。供销合作社还可以与农民合作社合作，利用供销系统的信息，为合作社提供市场信息与建议咨询，同时可以利用供销社的网上平台为产品做广告，发布产品信息。在信息化的背景下，供销社可以利用自己原有的销售渠道发展电子商务，逐步形成网上交易、仓储物流、终端配送一体化经营，促进供销合作社网点资源和物流配送体系的发展，以展销、展示本地特色产品为主，构建"运营中心+仓储物流+农村电商服务站+农村金融服务站"的运营模式，实现线上、线下融合发展，致力于为涉农产品买卖双方搭建规范、公正、便捷、安全的农村电商交易平台，

以"互联网+实体店+金融服务"为抓手,重点打造县级平台、乡村服务站等农村电商服务体系、农村金融服务体系及农资农技服务体系,促进形成全县一张网共同闯市场的经营格局。

(二)壮大农村合作组织

农业发展的趋势之一就是组织化、规模化,因此壮大合农村作组织是十分必要的。合作组织的建立可以扩大农产品的生产规模,向专业化方向发展,使农业增效。同时,壮大农村合作组织可以改变农民在流通中的弱势地位,增加农民的话语权,从而提高农产品的价格,提高农民收入。我们可以培养、壮大多种形式的合作组织,例如专业的流通合作组织、产销一体的合作组织,但是要注意规范合作组织的发展,使其正规、合法地发展,切实为农民服务。另外,要注意拓宽合作社的销售渠道。在调研中,笔者发现,由于批发市场可以消耗合作社大部分的产品,因此合作社销售产品的主要渠道依然是批发市场,没有发展别的流通渠道,或者仅通过别的流通渠道销售一小部分产品。应该鼓励合作社发展多种形式的销售方式,鼓励合作组织+超市的发展,开展多种形式的农超对接。

(三)培育企业,发展"企业+农户"模式

专业的人做专业的事。"企业+农户"这一发展模式中,企业主要做产品的研发与销售,农户主要做生产,通过分工提高各自部分的效率与效益,同时二者又形成紧密的联系,使产销一体化,最终使双方共赢。企业与农户之间是自愿组合,两个主体之间分工明确,相互协作,风险共担,利益共享。企业主要进行新品种的研发、幼苗的培育、种植技术的普及,以及最后农产品的销售。企业与科研机构进行合作,研发新品种或进行品种的改良,在新品种研发成功后或改良品种后,企业先在自己的试验田内进行种植,以了解产品整个生产过程所需要的成本,使生产成本标准化,然后企业将种子或幼苗、种植方法,以及化肥等产品"打包"给农民,让农民严格按照企业的要求进行生产,最后产品成熟后,企业进行回收,回收后,企业进行销售或深加工后再销售。

四、建立农产品信息服务平台

虽然农村信息化水平有了很大程度的提高,但是能为农民提供的有用的信息资源仍有限,农产品滞销、"菜贱伤农"时有发生,农产品生产和信息不对称问题依然严重。为有效解决农产品生产和销售信息不对称的难题,畅通农产品流通渠道,需要全面整合资源,包括生产、购销、价格等各方面,构建统一的建立农产品信息服务平台,便利农民以及农业企业寻找、查看信息。

农产品信息服务平台应包含以下基本功能。第一,整合资源。农产品信息服务平台应该包含城市与乡村的各种与农产品相关的信息。第二,发布信息。平台应把所收集到的信息及时进行处理与公布,及时更新相关数据,及时发布大宗农产品、水果、蔬菜等各类农产品生产种植面积、预计产量等农业生产信息,发布农产品求购信息,提供相关信息的查询和咨询服务,引导农民生产适销对路的产品。第三,应急服务。由于会发生农产品滞销等事件,服务平台应根据自己掌握的信息,及时对农产品进行调转销售,使农产品可以供销平衡,稳定农产品价格,保护农民利益。

五、发展农产品电子商务

农产品电子商务的发展,可以有效解决农业信息不对称问题,缓解我国"小农业大市场"的矛盾,使农民生产与市场需求相对接。农产品电子商务的发展,还能减少流通环节,甚至使农民直接与消费者对接,帮助农民在定价上拥有更多话语权。另外,农产品电子商务的发展,打破空间限制,使产品不受地域的限制,可以拓宽销售范围,让农产品走向全国乃至全球。新型城镇化是信息化、数字化的城镇,它的推进使电子商务发展的基础设施进一步完善,如宽带通信等。因此,在新型城镇化背景下河北省要大力发展农村电子商务,可以从以下几个方面促进农村电子商务的发展。第一,以县域为范围发展农产品电子商务。以县域为范围发展农产品电子商务,可以比以省市为单位更好地发挥特色资源优势,同时又可以比以乡为单位更好地形成产业集群,带动相关产业的发展,发挥规模经济效应。第二,依据本地环境，发展特色农产品。河北省地形多样，自然环境多样，地域特色明显，可以结合不同地区的环境与资源优势，挖掘本区域的特色农产品，寻找闪光点，实施产品差异化战略，进行突围。第三，政府的支持。政府可以为农产品质量提供保证，从而吸引消费者购买；政府还可以为电商发展提供资金支持、税收优惠等，从而促进电商发展。另外，河北省农业组织化水平不高，资源分散，政府可以推动农产品资源的整合。第四，产品标准的制定。农产品电子商务发展中，由于其产品特性，许多产品没有国家统一规定的标准，产品质量难以把关。并且，农民缺乏产品认证以及标准化的意识，使产品质量标准化的操作难度进一步加大。电商协会或服务商可以为产品制定统一的标准，进行标准化生产。第五，引进电商。目前，河北省农村地区电子商务有了一定程度的发展，在阿里巴巴发布的《电子商务发展白皮书（2019年）》中，河北的农村电商发展良好，但是大部分农村地区基础比较薄弱。在此情况下，可以引进电商，吸引外地资本来本地发展电子商务。

六、加快城乡物流体系建设，努力解决"最后一公里"问题

农产品物流发展缓慢、城乡物流严重分割是城乡商贸流通一体化发展的主要阻碍力量之一。因此发展农村物流，解决物流"最后一公里"问题，建立城乡一体的现代物流体系是促进城乡商贸流通一体化的重要任务。目前，农村物流发展缓慢，物流快递服务营业网点在乡镇一级的覆盖率只有约70%，大多数物流仅到县城。因此，农产品上行和工业品下乡面临着严重障碍。抓住新型城镇化建设机遇，做好规划，发展农村物流，完善县乡村三级物流体系建设，使县城有县级物流中心，乡镇有乡镇物流服务站，各乡村有村级物流网点。

建设城乡一体的物流体系，可以通过连锁企业来实现。连锁企业可以利用本省市、县、乡、村四级商业网点与配送设施来实现市、县、乡、村物流的衔接，在连锁企业配送其货品时运输其他产品，促进城乡物流一体发展。另外，可以在本县成立专业的物流公司对本县物流资源进行整合，建立物流园区，使物流企业集聚在园区内，然后由本县的物流公司统一向村镇进行配送，也由该公司把需要输出的产

品统一运到产业园区内,由其他物流公司进行输出。

七、政府加强引导,促使城乡商贸对接

一方面,加大农村商贸基础设施建设力度,通过完善基础设施建设吸引城市商贸企业来农村投资。新型城镇化规划时要充分考虑到农村商贸网点布局问题。河北省县多,县域数量居全国第二,但县城规模不大,根据河北省的省情,应该把发展县城商贸流通业作为城乡商贸对接的重要节点。县城商贸业的发展可以带动周边农村商贸业的发展,因此,县城要根据自己发展的实际,做好商贸流通基础设施规划,为带动农村商贸发展打好基础。乡镇与行政村直接相连,起着承上启下的作用。要抓住新型城镇化建设中培育中心城镇的契机,加快乡镇农产品批发市场、特色商业中心、连锁网点以及餐饮、休闲等基础设施建设,为繁荣农村商贸业打好基础,增强其周边行政村商贸业的带动作用。行政村要抓住新型城镇化推进中建设中心村的机遇,根据当地实际,做好商业网点等基础设施建设,可以建设小型连锁超市、餐饮等。

另一方面,给予农村商贸流通业与政策优惠,吸引城市商贸流通企业向农村发展。由于农民消费水平有限,农村商贸流通业的利润有限,致使城市商贸企业一般不会主动投资农村地区,也造成农村商贸业的发展落后。农村商贸业的落后,使农村商贸业满足不了农村居民的消费需求,促使农村居民进城消费,这样又造成农村消费大量流向城市,使农村商贸业更加缺乏活力。因此,需要政府在税收、土地等方面制定相关优惠政策,促使商贸资源从城市流向农村,吸引城市商贸企业来农村开店,同时要引导城市商贸企业与农村流通组织对接,尤其是在农产品方面,这样可以使组织化程度低的农产品流通组织,甚至是农户自己在产地与到城市商贸对接,提高对接能力,减少不平等的对接。通过城乡商贸对接,形成稳定的工业品下乡进村和农副产品的"出村进城"机制。

参考文献

顾益康,2021."千万工程"与美丽乡村[M].杭州:浙江大学出版社.

郝寿义.2007.区域经济学原理[M].上海:上海人民出版社.

李云燕,2011.科技服务"三农"[J].科技传播(6):49-51.

龙俊华,2017.夯实三农工作基础拓宽农民增收渠道[J].黑龙江科技信息(4):89-94.

鲁万生,常月,2018.以城乡融合促进乡村振兴的目标、难点与路径分析[J].乡村科技(9):22-26.

马骏,2017.优先发展农业农村推动城乡融合发展[J].农村工作通讯(3):45-47.

陶坤林,王远,2023.基于我国历年聚焦"三农"议题的中央一号文件解析粮食安全[J].中学地理教学参考(5):35-37.

田建华,孙惟佳,黄佳丽,2019.城乡融合发展的文化新动能研究[J].乡村科技(4):73-75.

王建廷,2007.区域经济发展动力与动力机制[M].上海:上海人民出版社.

王丽娟,王树进,狄传华,2020.农民创业学习方式选择与偏好研究[J].高等农业教育(9):37-40.

杨晓光,余建忠,赵华勤,2018.从"千万工程"到"美丽乡村"——浙江省乡村规划的实践与探索[M].北京:商务出版社.

张朝楠,2008.立足县情做好贫困山区的三农工作[J].决策探索(下半月)(10):98-101.

张秀生,2007.区域经济学[M].武汉:武汉大学出版社.

赵文三,2023.构建三农工作高质量发展的逻辑框架[J].农村工作通讯(8):34-38.

郑风田,2017.利用"城乡融合"新途径实现乡村振兴[J].农村工作通讯(11):26-29.

郑风田,2018.城乡融合的美国模式及其启示[J].国家治理(4):55-59.